2'50

ARTHUR BERNÈDE

LA VIERGE DU MOULIN-ROUGE

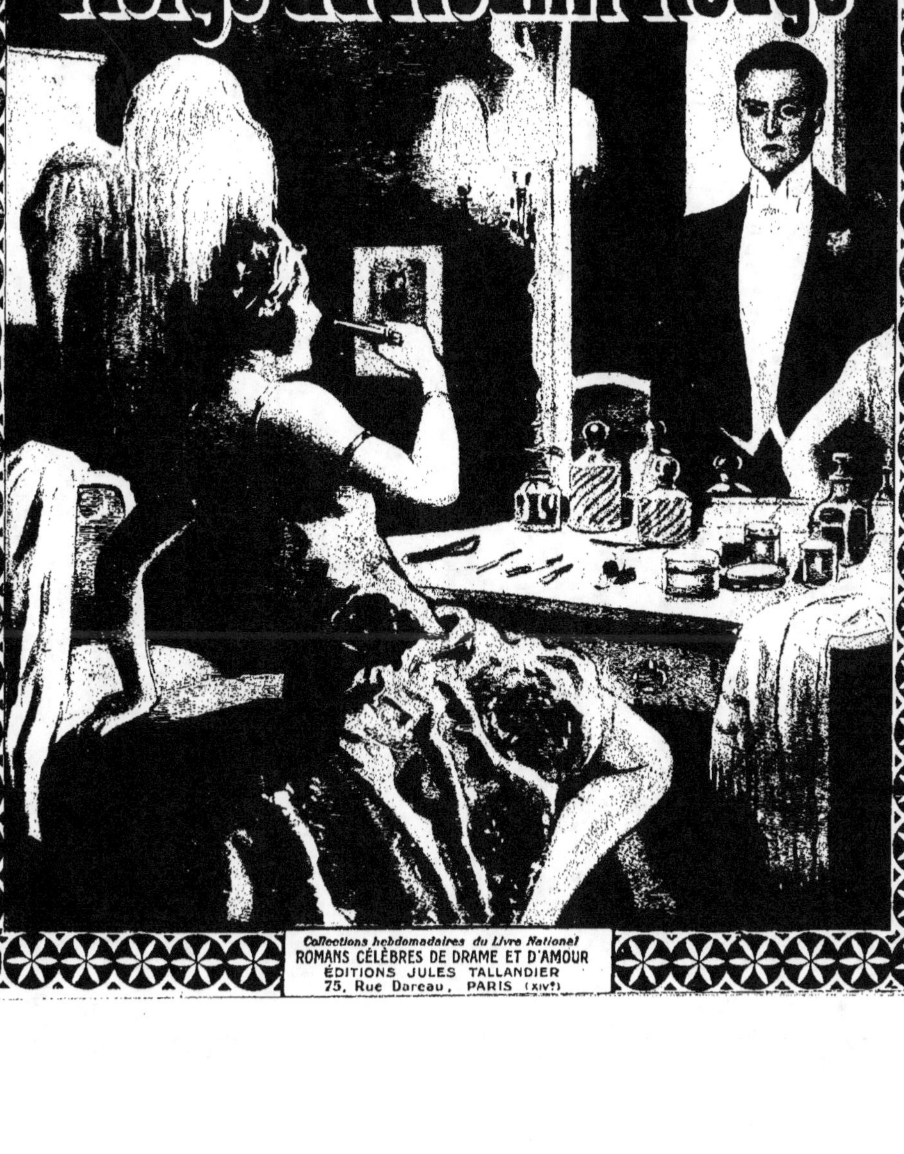

Collections hebdomadaires du Livre National
ROMANS CÉLÈBRES DE DRAME ET D'AMOUR
ÉDITIONS JULES TALLANDIER
75, Rue Dareau, PARIS (XIVe)

ARTHUR BERNÈDE

La Vierge du Moulin Rouge

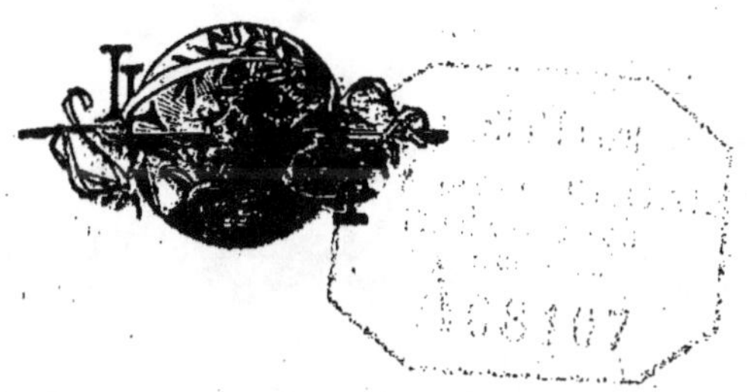

EDITIONS DU LIVRE NATIONAL

75, Rue Dareau, PARIS (XIVᵉ)

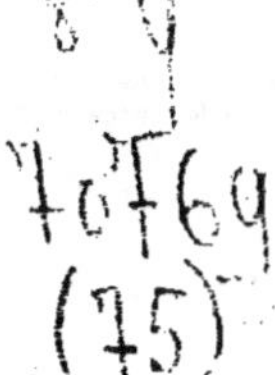

La Vierge du Moulin Rouge

I

LES COULISSES D'UN MUSIC-HALL

Le *Moulin-Rouge* est un music-hall parisien qui bénéficie dans le monde entier d'une popularité telle qu'elle éclipse de beaucoup non seulement celle de la plupart des autres établissements de ce genre, mais encore celle de nos théâtres subventionnés.

Il n'est pas un étranger de passage dans notre capitale qui ne se fasse un devoir d'y accomplir un ou deux pèlerinages ; et dernièrement encore, il nous a été donné d'apercevoir, dans un car arrêté un soir devant sa rutilante façade, tout un lot d'étrangers, qui, béatement, dévotement, adressaient des baisers fervents et enthousiastes à ce féerique palais de la danse et de la fantaisie.

Le fait est — et ceci n'est point de la réclame, mais uniquement une constatation dont nul ne soupçonnera la loyauté — que tout, au Moulin-Rouge, a été mis en œuvre pour y attirer la foule aussi bien cosmopolite que française.

Rien n'y rappelle ce qui fut autrefois son succès, et seuls les « plus de cinquante ans » peuvent évoquer la silhouette de celles et de ceux qui, à sa création, consacrèrent sa renommée, silhouettes déjà presque fondues dans la nuit de l'oubli : La Goulue, Grille d'Egout, Valentin le Désossé, le père La Gaîté, le vieux Carafon, et jusqu'au pétomane de bruyante mémoire.

Tous ces bâtiments en carton-pâte, en planches et en torchis, tels que le célèbre *Eléphant*, refuge des amoureux, la salle de danse, où les gambilleurs patentés nous initiaient aux beautés du grand écart ; cette salle de spectacle, entourée d'un large promenoir, dont la rumeur incessante couvrait souvent les voix vinaigrées des jeunes goualeuses et les hoquets des vieilles « diseuses » qui, sur une scène aux rares et pauvres décors, s'efforçaient de remplacer par une mimique exagérée, l'insuffisance de leurs cordes vocales, a disparu au cours d'un incendie mémorable.

Mais on a vu, tel le Phœnix de la mytho-
logie, le Moulin-Rouge renaître de ses cen-
dres, transformé, modernisé, très après-
guerre...

La petite maison de la rigolade est devenue le véritable Temple du Plaisir !

A quoi bon en faire une description dé-
taillée? Tout le monde, aujourd'hui, le connaît... et applaudit à des revues à grandes
mises en scène, interprétées par des artistes
de premier ordre, montées avec un luxe
inouï qui vous donne souvent, plusieurs fois
par soirée, une impression et même un frisson d'art que vous chercheriez en vain dans
certains théâtres dont on a l'habitude
d'écrire la première lettre avec une majus-
cule imprimée.

Voilà pourquoi cet établissement a su se
constituer une clientèle que l'on pourrait
qualifier d'universelle ; et souvent, le pittoresque de la salle peut rivaliser avec celui de
la scène...

Cela suffit à justifier une vogue qui permet
à son habile manager de révéler au public
et de lancer rapidement de jeunes et jolies
étoiles, qui, inconnues la veille, deviennent
célèbres le lendemain, à la condition qu'elles
aient tout de même un peu de talent, mais
surtout une réelle originalité.

Au moment où commence ce récit, la direction venait précisément de mettre la
main sur une jeune danseuse qui, d'un seul
coup, le soir de la première de la nouvelle
revue *A nous Paris !*, avait remporté un
triomphe aussi éclatant qu'inattendu.

Son nom ne figurait qu'en toutes petites
lettres sur l'affiche. Il rappelait ce titre d'une

chanson qui, l'année précédente, avait eu,
comme tant d'autres, son heure d'engoue-
ment : *Marquita*... Il était suivi de ces simples mots : « Dans ses danses bohémiennes »,
et perdu, dans le tas, au milieu des « fro-
mages » blancs sur lesquels se détachaient,
en grosses lettres rouges et noires, ceux des
artistes connus et même célèbres, qui semblaient avoir été trustés pour ajouter encore
à la féerie d'un merveilleux spectacle.

D'ailleurs, la direction n'attendait rien de
cette inconnue... On l'avait placée là, entre
deux tableaux importants, afin de permettre
aux machinistes d'exécuter les changements
de décors...

Comme elle était jolie, et que son numéro
durait à peine quelques minutes, on était
sûr qu'elle ne serait pas emboîtée, et d'elle
on ne réclamait pas davantage.

Mais il se produisit un de ces événements
infiniment curieux, tels qu'on en voit parfois au music-hall ainsi qu'au théâtre.

Dès que le public, qui venait d'acclamer et
de rappeler à plusieurs reprises notre célèbre
et nationale Nono Manett dans un sketch où
elle s'était d'ailleurs surpassée, vit apparaître devant une simple toile de fond qui
était tombée du cintre et représentait une
grande place de Séville, une jeune fille re-
vêtue, non d'un costume de bohémienne de
fantaisie, mais d'une surprenante réalité, un
murmure d'admiration spontané s'éleva de
toutes parts.

Il était impossible, en effet, d'imaginer
une vision plus exquise.

Un sourire enchanteur laissait apercevoir
des dents d'une blancheur éblouissante. Des
cheveux d'un blond doré, et dont les frisures

naturelles s'évadaient d'un madras bleu posé très en arrière de la tête...

Des yeux bruns très expressifs, naturellement doux et tendres... grâce un peu sauvage dans la démarche, telle était celle à laquelle il avait suffi de paraître pour être victorieuse...

Lorsque, au son d'une musique étrange, nostalgique, au rythme original, à la mélodie, ou plutôt à la mélopée savoureuse et lointaine, que nul ne pouvait se vanter d'avoir entendue, Marquita se mit à exécuter un pas original et qui semblait extérioriser mieux que les coutumes, mais l'âme de toute une race, le succès grandit, s'affermit en un tonnerre d'applaudissements.

Le triomphe était justifié... C'était autre chose et mieux que de la danse, c'est-à-dire la réalisation de l'existence de ces jeunes nomades dont les yeux, tour à tour si ardents, si clairs, et toujours si expressifs, ne laissent cependant filtrer aucun des sentiments qui se cachent au fond de leur âme mystérieuse.

Tour à tour, elle fit l'*Esmeralda*, qui saute et tournoie au son d'un tambourin autour duquel frémissent de sonores grelots ; la vendeuse qui s'en va offrir aux clients les petites chaises d'osier fabriquées autour de la roulotte ; la tireuse de tarots qui prédit l'avenir à une jeune amoureuse curieuse de connaître sa destinée ; la fille battue par le chef de la tribu, parce qu'elle n'a pas rapporté un gain assez considérable, la maltraitée qui s'en va pleurer, rêver... seule, et invoquer la Vierge noire, patronne des bohémiens, et qui, à l'appel du chef, se relève, l'échine ployée à l'avance sous les coups qui la menacent encore, et enfin se met en marche,

d'un pas traînant, derrière la roulotte sordide dans laquelle on lui refuse, à elle, paria de la troupe, le droit de monter.

Marquita était douée d'un tel don d'évocation, que, bien qu'elle fût seule, dans la salle il n'était pas un spectateur qui n'eût eu l'impression qu'il avait devant lui les clients auxquels elle présentait ses fauteuils, l'amoureuse à laquelle elle disait la bonne aventure, le chef sans pitié qui la brutalisait, et jusqu'à la maison ambulante qu'elle suivait comme une pauvre chienne qui n'ose pas se révolter ou n'a pas la force de briser son attache.

Le « numéro » se termina par des rappels sans fin et une ovation telle que la célèbre vedette Nono-Manette, qui, derrière la toile destinée à dissimuler le splendide décor au milieu duquel elle devait évoluer en une finale consacrée à son apothéose, se prit à grommeler :

— Ah çà ! qu'est-ce qu'ils ont donc, tous ces idiots, à faire un pareil raffût ? Ce n'est pourtant pas moi qui suis en scène !

Sa mauvaise humeur allait d'ailleurs s'accroître au point de se transformer en une violente colère, auxquelles elle donnait fréquemment libre cours.

En effet, l'impression produite par Marquita était tellement profonde, que la suite du spectacle s'en ressentit quelque peu...

Malgré la somptuosité du décor, le chatoiement des costumes, la beauté des unes et la joliesse des autres et la très réelle volonté de l'étoile internationale, qui, se piquant d'amour-propre, n'avait jamais *donné* autant que ce soir-là, il apparut, lorsque le rideau se baissa sur la fin de la première partie, que le public, fatigué par la grande acclamation dont il avait salué l'inconnue, la débutante, n'applaudissait plus avec son enthousiasme habituel celle qui, la veille encore, était son idole.

Combien Nono-Manette eût-elle été plus furieuse encore, si elle avait entendu les propos que, pendant l'entr'acte, les spectateurs échangeaient dans les couloirs, au bar, dans le vestibule, partout...

Dans un groupe composé de jeunes snobs et de charmantes snobinettes, des voix, désireuses de se faire entendre, parce qu'elles se croyaient désignées pour prononcer d'irréfutables jugements, s'élevaient, vite montées à un diapason de réunion publique, au cours d'une période électorale agitée.

— Elle est formidable !

— Nono-Manette ?

— Mais non, vous ne savez pas ce que vous dites, mon cher... Nono-Manette n'existe plus... je vous parle de Marquita...

— La bohémienne blonde ?

— Mais oui, parbleu !

— Elle est inouïe, en effet !

— Je la trouve très supérieure à Raquel Meller.

— Ça ne se compare pas ! Raquel Meller, c'est une diseuse de talent, gâtée par le cinéma... un point, c'est tout !... Tandis que cette Marquita, c'est une petite merveille !

— Dites une grande !

— La révélation de l'année !

— Elle a toutes les gammes : la gaîté, la grâce, le charme, la tristesse poignante, l'emportement tragique.

— Elle est surtout profondément humaine !

— Et d'une personnalité !...

— Une bohémienne blonde !...

— Elle va faire accourir tout Paris !

— Je ne lui donne pas un an pour qu'elle soit une grande vedette internationale.

Tandis que ce concert d'éloges montait, au milieu de la fumée des cigarettes, transformée en un véritable encens, un jeune homme à l'œil vif, à la démarche alerte, à la figure intelligente et aux grands yeux expressifs, qui semblait vouloir, d'un seul coup d'œil, faire pénétrer tout ce qu'ils voient dans l'âme et dans l'esprit dont ils sont les agents d'observation, regagna la salle, et, par le promenoir, s'enfonçait dans un couloir conduisant à la porte de fer qui donnait accès de la salle sur la scène.

Ce personnage devait faire partie de l'administration de la maison, ou tout au moins en être un des plus intimes familiers, car, au lieu de frapper contre la porte de fer, afin de se faire ouvrir, il tira de sa poche une clef qu'il introduisit dans la serrure.

La porte s'entre-bâilla, lui livra passage et se referma derrière lui avec un bruit métallique.

Une grande agitation régnait sur le plateau... On procédait à la mise en place du décor de la seconde partie...

Régisseur, machiniste, électriciens s'agitaient dans un tohu-bohu que les non-initiés auraient pris pour du désordre, mais qui était, au contraire, le travail admirablement réglé d'une ruche en pleine activité et merveilleusement disciplinée.

Un second régisseur, se croisant au passage avec le jeune homme en smoking, lui lançait au passage :

— Bonsoir, monsieur Jacques !

— Bonsoir, Trévol !

— Vous allez féliciter Marquita ?

— Oui, mon cher.

— Quel talent ! Je n'ai jamais encore vu...

M. Jacques n'entendait plus le régisseur, dont il venait d'être brusquement séparé par quatre machinistes qui transportaient un lourd praticable.

Après avoir traversé la scène, il gagnait un palier où s'amorçait un escalier de fer qui conduisait aux loges des artistes...

Il en gravit les degrés quatre à quatre, et, arrivé au troisième étage, il pénétra dans un couloir.

Après avoir répondu avec une gentillesse un peu nerveuse aux paroles de camaraderie que lui lançaient plusieurs petites femmes qui trottaient d'une loge à l'autre, il frappa à une porte, tout en annonçant :

— C'est moi... Guervé !

— Entrez ! fit aussitôt une voix divinement harmonieuse.

Un instant après, M. Jacques se trouvait en présence de Marquita...

Quelqu'un était déjà là... un homme... en habit... l'air rayonnant...

Debout, près de la jeune artiste qui, assise sur un tabouret, près de sa tablette à maquillage, l'écoutait avec un sourire de joie naïve et charmante.

— Mon cher directeur, s'écriait Guervé, sur un ton d'affectueux reproche, vous m'avez devancé...

Le manager répliquait :

— J'avais hâte d'apporter à notre nouvelle étoile mes chaleureuses félicitations.

— Et moi, ma chère Marquita, reprenait M. Jacques, j'ai voulu recueillir dans les couloirs les impressions des spectateurs afin de vous les rapporter toutes chaudes ; que dis-je ? toutes bouillantes...

« Eh bien ! c'est l'unanimité !... Tous et toutes vous sacrent déjà grande vedette international.

Marquita rougit sous son maquillage.

— C'est trop ! fit-elle... c'est beaucoup trop... je ne mérite pas...

Son directeur interrompait :

— Allons, pas de fausse modestie ! C'est le triomphe... Et, la preuve, c'est que je vous offre dès à présent de déchirer l'engagement que je vous ai signé pour vous en refaire un autre beaucoup plus important.

« Venez donc demain, vers trois heures, à mon bureau... Soyez tranquille, vous n'aurez pas à vous plaindre de moi.

Et se tournant vers Guervé qui contemplait Marquita avec une ferveur sous laquelle semblait se dissimuler une admiration purement artistique, le manager poursuivit :

— J'avais bien senti, surtout à la dernière répétition, que ça devait coller... Mais je reconnais de très bonne foi que je n'avais pas prévu que le succès de cette enfant prendrait de telles proportions.

« Aussi, pour votre peine, monsieur le dénicheur d'étoiles, je vous condamne à m'exécuter, dans le plus bref délai, une de ces affiches dont vous avez le secret.

« Je veux qu'avant huit jours, vous m'entendez ? huit jours, pas un de plus, l'on voie sur tous les murs de Paris, tirée à des milliers d'exemplaires, l'image de notre Marquita.

Et il ajouta, en s'esclaffant :

— Nono-Manette va être furibonde ! mais elle devient tellement embêtante que je ne suis pas fâché de lui jouer ce petit tour-là.

« Mais je vous laisse, mes enfants ; il faut que j'aille voir un peu ce qui se passe en bas.

— Mon cher directeur, reprenait Marquita, je vous remercie beaucoup d'être venu me féliciter...

— Je vous devais bien cela ! Alors, c'est entendu ; à demain... trois heures ?...

— Oui, mon cher directeur !

Le manager s'en fut... Il exultait. Il comptait jouer sa revue cent fois... Grâce à Marquita, c'était deux cents représentations « courues ». Pendant toute la saison, il allait pouvoir tenir tête victorieusement à la concurrence...

Lorsqu'il fut parti, la bohémienne blonde, tendant ses deux mains à Jacques Guervé, s'écriait avec l'élan d'une gratitude et d'une affection que l'on devinait sans bornes :

— C'est à vous surtout que je dois dire : merci... parce que je vous dois mon triomphe !

D'une voix émue, le jeune homme s'écriait :

— Comme vous devez être heureuse !

— Oui... je suis très... très heureuse.

Pourtant, Marquita avait prononcé cette phrase d'un ton un peu forcé... et d'une voix légèrement tremblante.

Soudain, Jacques Guervé vit poindre deux grosses larmes dans ses beaux yeux noirs...

— Qu'avez-vous ? fit-il avec inquiétude.

Mais Marquita ne lui répondit pas... et, retombant sur son siège, elle appuya ses coudes sur la tablette et, la tête entre les mains, se mit à pleurer.

II

JACQUES GUERVÉ

Nos lecteurs et nos lectrices nous pardonneront certainement un léger retour en arrière ; car non seulement il est indispensable à la clarté de ce qui va suivre, mais il est encore destiné à leur présenter dans toute leur ampleur ces deux personnages qui sont appelés à jouer un rôle prépondérant dans notre récit.

Jacques Guervé était un de ces êtres privilégiés qui sont nés artistes.

Il avait reçu en plus le don sans lequel tous les autres ne sont que des reflets : l'amour du travail.

Dès son plus jeune âge, il avait révélé de prodigieuses dispositions pour le dessin et la peinture... Ses parents, de braves bourgeois de Vincennes, n'eussent pas mieux demandé d'en faire un enfant prodige... Mais, instinctivement, il s'était rebellé contre cette surenchère d'orgueil et cette maladresse d'affection.

Jalousement, il cachait ses essais, et ne consentait à les montrer qu'à ceux dont il espérait recevoir d'utiles conseils ou de salutaires avertissements.

Son père et sa mère attribuaient cette attitude à une timidité qui n'existait que dans leur pauvre imagination de gens à courte vue.

Or, Jacques n'était pas un timide : il était, avant tout, un « volontaire ».

Convaincu qu'on n'*apprend pas tout seul un art*, quel qu'il soit, et que, si grandes, si étonnantes même soient nos aptitudes, on a toujours besoin d'un maître, ne serait-ce que pour vous enseigner une technique indispensable à toute manifestation extérieure de la beauté, il obtint facilement des siens, qu'une fois ses études classiques terminées, ils lui permissent d'entrer dans l'atelier d'un maître qui mettrait au point son talent qui n'était qu'à son aurore.

Il écouta docilement ses leçons, sans toutefois rien abandonner de sa personnalité...

Après un stage assez bref à l'Ecole des Beaux-Arts, il concourut pour le prix de Rome... et l'obtint d'emblée...

Pendant son stage à la villa Médicis, il travailla peu... mais, moralement, réalisa beaucoup.

Aussi loin des « pompiers » que des « fauves », il ne voulut pas plus devenir un peintre officiel, académique, qu'un de ces barbouilleurs outranciers qui n'ont qu'un but : épater les snobs et leur soutirer leur argent...

Jacques Guervé était avant tout un convaincu, un sincère...

Très moderne, très épris de luminosité, de beaux sujets humains ou de captivants sujets de paysages, il professait pour la laideur un dégoût profond.

Désireux, d'autre part, d'attirer sur lui l'attention du public autrement que par des moyens qui répugnaient à sa conscience d'artiste sincère, dès qu'il se sentit en pleine possession d'un instrument avec lequel il pourrait se faire une situation brillante et s'assurer une solide renommée, au lieu de se livrer à des tentatives ou plutôt à des tâtonnements stériles, il chercha sa voie...

En rentrant à Paris, il ne l'avait pas encore trouvée. Il commençait non pas à désespérer, mais à s'énerver, et, devant la froideur avec laquelle l'Institut avait accueilli ses envois de Rome qui, tout en révélant une certaine indépendance, n'indiquaient aucune de ces tendances révolutionnaires qui font hurler les uns et s'extasier les autres, il allait peut-être se lancer, lui aussi dans l'exagération ou plutôt l'exaspération audacieuse dont il avait jusqu'alors décidé de se tenir à l'écart, lorsqu'un jour un de ses amis lui communiqua une collection complète des affiches de Jules Chéret, ce maître admirable, qui sut si bien faire chanter, si bien faire vibrer sur nos murailles la gamme étincelante de son admirable et lumineux génie.

Ce fut pour Jacques Guervé le chemin de Damas, ou, si l'on préfère, l'*euréka*, le fameux « j'ai trouvé » d'Archimède.

« Pourquoi, se dit-il, ne reprendrais-je pas cet art, aujourd'hui si industrialisé, si galvaudé, sous prétexte que des industriels ou des commerçants, aussi ignorants que prétentieux, ont prétendu que le « populo », c'est-à-dire la classe qui constitue vraiment le cœur d'un pays, ne comprenait pas ce qui était artistique ?

« Pourquoi, en ne copiant personne, en m'efforçant de demeurer original, ne ressusciterais-je pas à mon tour ce genre qui, à défaut de bien rares exceptions, s'est banalisé dans la plus abjecte platitude où le mauvais goût le plus provocant ? »

Mais, comprenant qu'avec de telles intentions, si contraires aux théories de ceux qui, tout en prétendant connaître le public, l'ignorent d'autant plus que jamais ils ne sont mis directement en contact avec lui, il n'avait aucune chance d'atteindre et de convaincre les grands dispensateurs de la publicité murale, Jacques Guervé se tint le raisonnement suivant :

« Il n'y a que des artistes qui sont capables de me comprendre... »

Et il s'en fut aussitôt trouver Nono-Manette...

Malgré ses petits travers d'enfant gâtée du public, elle était à la fois vraiment artiste et remarquablement intelligente.

Jacques Guervé n'eut pas besoin de lui faire un long discours pour remporter son adhésion absolue, et même enthousiaste, à ses théories.

— Mon petit, lui dit-elle, je suis précisément très mécontente de mon dessinateur habituel.

« Il vient de me faire une affreuse affiche : on dirait une guenon qui jongle avec des noix de coco.

« Inutile de vous dire que, la guenon, c'est moi, et que les noix de coco sont les cœurs de mes amoureux...

« C'est tellement « moche » que c'est à croire qu'il a voulu se payer ma tête !

« Faites-moi un projet, vous me l'apporterez... je vous donnerai mon avis, et, si ça me plaît... eh bien, je crois pouvoir vous affirmer que votre affaire est faite.

« Vous m'avez l'air d'un gentil garçon qui sait ce qu'il veut... pas bluffeur, pas snob pour un sou... Ça me plairait de vous lancer.

« Allez-y !... Et, quand vous serez prêt, un coup de téléphone...

Lorsque Jacques Guervé sortit de cette encourageante visite, il avait le cœur dilaté d'espérance...

Aussitôt, il se mit au travail... et, quelques jours après, il apportait à Nono-Manette mieux qu'une maquette, mais une affiche complète, entièrement au point, et qui arracha un cri de joie à la vedette du Moulin-Rouge, cependant peu prodigue de son admiration pour les autres.

Le fait est que le jeune artiste s'était surpassé... Il avait su, à la fois, dégager la plastique remarquable et la figure extrêmement originale de son modèle et donner à son sujet une vie étonnante.

Nono-Manette s'extasiait :

— Un chef-d'œuvre !... Depuis Chéret, on n'avait pas vu ça ! C'est d'ailleurs tout autre chose... Mon petit, — tu veux bien que je te tutoie ? — je te sacre grand artiste et je te nomme mon peintre officiel. Embrasse-moi.

Le soir même, elle présentait Jacques et son affiche au directeur du Moulin-Rouge qui ne se montra pas moins emballé qu'elle.

Après avoir réfléchi un instant, il dit à Guervé qu'il avait accablé de ses félicitations :

— Vous êtes tout à fait à la page ! Aussi, il me vient une idée : pourquoi ne me dessineriez-vous pas les projets de costumes pour ma prochaine revue ?

— Bravo ! bravo ! appuyait Nono-Manette, ravie.

— Je veux bien essayer, répliquait Jacques... Mais c'est un art si nouveau pour moi !

— Toi ! encourageait la vedette... Tu es de ceux qui réussissent tout ce qu'ils entreprennent.

— Parfaitement ! appuyait le manager. Demain, je vous ferai déjeuner avec Noirmont, mon metteur en scène. C'est un jeune comme vous, un très charmant garçon, très à la page, lui aussi.

« Je suis sûr que vous vous entendrez tous les deux à merveille.

« Et si, comme j'en suis persuadé, tout marche bien, je vous ferai une très belle situation dans la maison.

Le directeur du Moulin-Rouge avait été bon prophète... Guervé et Noirmont étaient faits pour se comprendre.

De leur collaboration, il résulta un véritable enchantement des yeux... qui émerveilla le public et fit même écrire à l'un des plus sévères critiques de notre temps qu'il avait noté, au cours de ce spectacle, de « réelles touches d'art destinées, en se développant, à relever promptement le niveau artistique du music-hall ».

Et Nono-Manette, enchantée du succès de son protégé, put s'écrier :

— Mon petit, tu as mis en plein dans le mille... Tu es lancé ! Tu n'as plus qu'à continuer... Travaille !

C'était un excellent conseil que Jacques Guervé s'empressa de suivre...

Naturellement, les snobs voulurent s'emparer de lui, en faire un des leurs...

Avec beaucoup de tact et d'adresse, sans les froisser, et risquer de se les aliéner, il sut glisser à travers les mailles des filets dans lesquels ils cherchaient à l'envelopper, et il sut demeurer lui-même.

D'ailleurs, il eut avec ceux qui cherchaient à l'accaparer une très bonne excuse.

Il était tellement surchargé de travail qu'il ne lui était guère possible de dîner en ville ou de sortir le soir...

Il se confina dans son labeur, se contentant de faire quelques brèves apparitions dans les milieux montmartrois ou montparnassiens où il était accueilli avec d'autant plus de faveur qu'il s'y faisait rare...

Cependant, il était encore trop jeune pour ne pas trouver parfois un peu trop mélancolique l'atmosphère de solitude qui l'entourait lorsque, tout à son travail dans son atelier du boulevard de Clichy, il n'avait d'autre compagnon que le bruit de la rue, et surtout lorsqu'après sa soirée du dimanche, qu'il consacrait à ses parents avec une fidélité touchante, après avoir entendu, non sans une certaine gêne ses louanges hyperboliques que leur inspirait une vanité satisfaite, il rentrait dans son chez lui et allait se coucher dans la petite chambre attenante à l'atelier.

Alors, il éprouvait une sensation de vide moral... telle qu'il ne parvenait que difficilement à s'endormir.

Pour un rien, il se fût écrié comme Jean Gaussin, le héros de la *Sapho* d'Alphonse Daudet, lorsque, transplanté de son cher Midi à Paris, il se vit seul dans son petit appartement de la rue d'Amsterdam :

— Tant de monde, et personne à soi !

Prendre une maîtresse !... Il n'avait que l'embarras du choix... Il avait essayé... plusieurs fois..

Invariablement, il s'était trompé, et ses liaisons n'avaient été que des passades dont il n'avait même pas conservé le souvenir

Il en était arrivé à se dire :

« Autant celle-là qu'une autre. Elles ont toutes la même cervelle d'oiseau, la même absence de sentimentalité, le même esprit facile ; qu'elles se coiffent, s'habillent de la même façon, elles se ressemblent toutes au point que l'on dirait qu'elles sont fabriquées par série ! »

Ce qu'il fallait à un jeune artiste, c'était un véritable amour.

Et, avec cette philosophie précise qui le caractérisait, il se dit :

« L'amour est un trésor qui se cache tellement que, chaque fois qu'on le cherche, il se dérobe. Il faut attendre qu'il se présente à vous. »

Un jour, il crut l'avoir rencontré sur son chemin.

Invité à dîner chez M. Jules Castalet, un riche industriel, qui lui avait demandé d'orner de fresques les panneaux de la salle à manger du somptueux hôtel qu'il venait de se faire construire à Neuilly, rue du Bois-de-Boulogne, placé à table près de la jeune fille de la maison, la charmante et très spirituelle Marie-Thérèse, Jacques Guervé se sentit immédiatement conquis par sa beauté éclatante et sa verve intarissable...

De son côté, le jeune artiste produisit sur elle une impression peut-être moins ardente mais suffisante cependant pour la conduire sur la route d'un flirt où elle ne demandait qu'à s'engager et qui aboutit d'autant plus facilement à des fiançailles que M. et Mᵐᵉ Castalet avaient la plus grande hâte de

marier leur fille, pour des raisons de prudence sur lesquelles nous aurons le bon goût de ne pas trop insister.

Qu'il nous suffise de savoir que son père l'appelait « la lionne échappée » et que sa mère, elle-même bourgeoise prude et timorée, avait promis de donner cinquante mille francs au denier de saint Pierre s'il n'arrivait pas d'accident à sa fille avant son mariage.

Quant aux amies de cette troublante mais inquiétante fleur de Paris, leur opinion à son sujet se résumait en cette phrase légendaire :

— Marie-Thérèse est capable de toutes les plus belles actions, mais aussi de toutes les pires.

M. et Mᵐᵉ Castalet n'avaient donc mis aucune opposition à ce qu'elle épousât Jacques Guervé...

Celui-ci, d'ailleurs, était un bon parti.

A l'âge où tant de jeunes peintres végètent misérablement et sont obligés d'accepter les plus viles besognes pour gagner leur pain quotidien, il touchait, bon an, mal an, une centaine de mille francs et il était déjà, sinon célèbre, mais du moins assez connu et assez apprécié pour escompter une prompte fortune et non moins rapide renommée.

Dans leur joie d'avoir enfin casé leur fille, M. et Mᵐᵉ Castalet, bien qu'ils fussent peu prodigues de leurs deniers, décidèrent de faire à leur fille une pension de cinq mille francs par mois, ce qui était beaucoup plus pratique, en cas de divorce, que de lui constituer une dot.

Pas un instant, Jacques, aveuglé par son amour, le premier de sa vie, ne devina les véritables raisons pour lesquelles il avait été si facilement accepté.

Littéralement ébloui par Marie-Thérèse, il crut avoir atteint le bonheur parfait.

Selon lui, sa jeune et délicieuse femme allait être la compagne idéale et leur vie en commun un véritable enchantement...

Il eût peut-être déchanté quelque peu, s'il avait entendu, au cours du lunch splendide qui suivit la cérémonie religieuse, à grand fracas, en l'église de la Madeleine, M. Castalet murmurer à l'oreille de son épouse :

— Après tout ! si elle met le feu à la maison, mieux vaut que ce soit chez son mari que chez nous !

Mais cette réflexion, d'un féroce égoïsme, ne lui parvint pas aux oreilles.

Ivre de passion et d'espérance, il se hâta d'emmener sa jeune femme dans le délicieux petit hôtel ultra-moderne qu'il avait loué au fond d'Auteuil et où il estimait avec raison qu'ils seraient beaucoup mieux que dans une chambre de palace, à savourer les délices de ce qu'on a coutume d'appeler à travers les âges de ce vilain nom de lune de miel.

Elle dura six mois. Six mois pendant lesquels Jacques, qui n'apercevait sa femme qu'à travers le prisme de son amour, la considéra comme une perfection vivante.

Malheureusement, Marie-Thérèse, sans être une mauvaise fille, loin de là, était d'un caractère beaucoup trop indépendant pour accepter, au delà d'une demi-année, la tendre tutelle d'un grand amour.

Incapable de partager et de comprendre ce sentiment, sans songer encore à tromper son mari, auquel elle était gentiment attachée, elle voulut reprendre son ancienne existence... toute de vie mondaine, de promenades en auto et de sorties variées.

D'abord, elle s'y prit fort adroitement pour entraîner son mari dans le tourbillon parisien dans lequel elle désirait si impatiemment se plonger de nouveau...

Procédant par étapes, elle arriva d'autant plus facilement à ses fins que Guervé était de plus en plus épris d'elle, et, dans tous les endroits où l'on s'amuse, ou, du moins, l'on prétend s'amuser, on ne vit plus que le jeune ménage.

Jacques était trop profondément artiste pour ne pas se rendre promptement compte que son idole était en train d'assassiner inconsciemment son talent.

Fatigué par les veillées trop prolongées, il perdit bientôt, avec la fraîcheur de ses idées, son goût pour le travail...

Obligé, pour faire face à ses engagements, de se lever très tôt, il lui arrivait parfois de ne dormir que pendant deux ou trois heures d'un sommeil fiévreux, agité, qui, loin de le reposer, le laissait les jambes molles, la tête lourde et le corps courbaturé...

Ses œuvres s'en ressentaient. Il le constatait et il en éprouvait une nervosité qui augmentait encore l'inégalité de sa production.

Souvent, lui qui traçait d'un seul jet ses maquettes, déjà vivantes en sa pensée, il lui arrivait de recommencer plusieurs fois ses ébauches et même de les déchirer avec rage.

Enfin, lui si exact, et qui se faisait toujours un point d'honneur de livrer ses commandes avant l'heure fixée, était maintenant toujours en retard.

Un jour, le directeur du Moulin lui en fit

la juste observation... Jacques lui répondit d'un ton agacé :

— Si vous voulez que j'aille plus vite, c'est entendu : je vous apporterai des « navets » !

Piqué au vif, le directeur ripostait :

— Autrefois, vous étiez toujours en avance et vos dessins étaient bien meilleurs.

— Si vous n'êtes pas content, s'irritait le jeune artiste, résilions notre contrat.

— Parbleu ! maintenant que vous êtes riche, vous vous en fichez absolument !

Cette phrase, au lieu de déchaîner en Jacques la colère qui grondait en lui, eut le don de le faire subitement rentrer en lui-même.

— Excusez, mon cher ami, fit-il, ce mouvement de mauvaise humeur et laissez-moi vous dire, très cordialement et très sincèrement, que je ne suis pas aussi riche qu'on veut bien le dire.

— Pourtant...

— Vous avez été et je suis sûr que vous êtes encore pour moi un véritable ami.

— Voyons !

— Eh bien, laissez-moi vous parler en toute franchise.

— Je vous en prie.

— Ma femme n'a pas eu de dot.

— Non ! comment, M. et Mme Castalet, des gens qui sont si riches...

— Ecoutez-moi... ils se sont contentés de faire à leur fille une pension relativement considérable, mais insuffisante... cependant, pour subvenir aux exigences d'un luxe dont Marie-Thérèse avait pris l'habitude.

— Alors, naturellement, vous êtes obligé de vous bousculer.

— Ce n'est pas cela, rectifiait Jacques... Lorsque l'on travaille pour la femme aimée, c'est toujours avec un enthousiasme qui donne à notre effort une auréole, reflet de notre amour... Et l'on ne sent pas sa fatigue, parce que l'imagination nous vient d'elle-même et le but à atteindre est si beau, si noble, si rayonnant de lumière que, d'avance, on est sûr de vaincre toutes les difficultés que l'on rencontre sur sa route !

« Mais si cette femme ne comprend pas qu'il est indispensable à l'artiste créateur, non pas de vivre comme un reclus, mais d'organiser sa vie de telle sorte que le triple rythme du travail, du repos et du plaisir lui soient assurés, il s'ensuit fatalement un décalage moral et matériel qui se traduit par une déperdition de vigueur intellectuelle.

— Vous raisonnez en vrai philosophe, soulignait le manager...

— Non, rectifiait Guervé avec un sourire un peu mélancolique, je parle en homme qui commence à voir clair en lui.

— Alors, votre charmante femme ?...

— Ma charmante femme, eh bien, elle n'a pas compris cela... elle veut s'amuser.

« Pour elle, la vie ne doit être qu'une éternelle partie de plaisir à laquelle je dois prendre une part égale à la sienne...

« Cela est d'autant plus terrible pour moi que Marie-Thérèse est un être délicieux, que je l'adore, que je ne peux pas me passer d'elle... Mon rêve, voyez-vous, serait, non pas qu'elle demeurât près de moi, dans mon atelier, quand je travaille, mais de la sentir dans la maison, d'entendre le bruit de ses pas, l'écho de sa voix ; de me dire : je n'ai qu'une porte à ouvrir, un escalier à descendre pour la retrouver... pour vite la serrer dans mes bras, pour cueillir un baiser sur ses lèvres, et retourner là-haut et me remettre à l'ouvrage, l'âme toute parfumée de la sienne.

« Malheureusement, Marie-Thérèse n'est pas une femme d'intérieur ; elle ne se plaît que dehors... Il lui faut du monde autour d'elle... non par coquetterie... car je la crois foncièrement honnête, et la joie qu'elle manifeste, qu'elle affiche même de se trouver près de moi, me prouve qu'elle m'est suffisamment attachée pour que je n'aie pas à craindre de sa part un éloignement qui serait pour moi la pire des catastrophes.

« Elle me dit toujours :

« — Si tu ne sors pas, je reste...

« Alors, moi, pour ne pas la contrarier, je la suis... Le mois dernier, nous n'avons pas dîné cinq fois à la maison. En revanche, nous y avons déjeuné presque tous les jours, et, presque tous les jours, elle m'annonçait des invités, des amis de tennis, des oisifs, des désœuvrés, des snobs qui venaient me voir travailler, qui s'installaient dans mon atelier, se vautraient sur les divans en fumant des cigarettes opiacées et échangeaient de tels propos imbéciles que, n'osant les congédier, de peur de contrarier Marie-Thérèse, j'en étais arrivé à me mettre du coton dans les oreilles pour ne pas les entendre.

« Comment voulez-vous qu'on travaille dans de pareilles conditions ?

« Voilà pourquoi, mon cher directeur, vous auriez tort de vous formaliser parce que je vous ai parlé tout à l'heure de résilier notre contrat. Si je vous ai dit cela, ce n'est pas seulement parce que je me suis froissé des justes observations que vous m'adressiez, mais parce que j'étais mécontent de moi...

« Cette offre, je vous la renouvelle parce que j'estime qu'il serait malhonnête de ma part que vous me versiez une rétribution que je ne mérite pas.

« Nous n'en resterons pas moins bons amis. Voilà.

Le directeur du Moulin-Rouge, qui s'était pris d'une réelle amitié pour son jeune et brillant collaborateur, répliquait, sur un ton de franchise. un peu brutale, mais empreinte de la plus affectueuse cordialité.

— Mon cher ami, vous venez de me parler avec une netteté que j'approuve entièrement.

« Mais, que diable, ce n'est pas une raison parce que vous avez eu un instant de défaillance pour que je me prive d'un collaborateur tel que vous.

« Ce que vous étiez hier, vous pouvez le redevenir demain.

« J'en suis d'autant plus sûr que vous vous rendez compte du mal... et c'est énorme... je dirai même que c'est abusif, car je suis non moins convaincu que vous aurez assez de volonté pour le couper dans sa racine.

— Je vous déclare, s'écriait Jacques, que je n'aurai jamais le courage de me séparer de ma femme.

— Qui vous parle de cela ? s'exclamait le manager. Vous venez de me dire que Mme Guervé vous aimait.

— Je le crois.

— Eh bien, en rentrant chez vous, n'hésitez pas à lui dire que je vous ai fait de graves reproches sur votre travail... et même que je vous ai menacé de résilier notre contrat, si vous continuiez à être sans cesse en retard...

Jacques eut un geste de protestation... Mais le directeur reprenait :

— Ça vous ennuie de mentir. Mais il y a des cas, surtout avec les femmes, où, dans leur intérêt autant que dans le nôtre, on est obligé de raconter des blagues.

« Si je vous donne ce conseil, c'est parce que je vous aime beaucoup et que je voudrais vous voir sortir, sans rien casser, de la situation ennuyeuse où vous vous trouvez...

« Notez qu'il n'est nullement question d'opter entre votre femme et votre art... mais de les concilier tous les deux...

« Et puis, prenez-la par le raisonnement, cette petite... Montrez-lui que c'est votre situation, votre avenir qui sont en jeu...

« Elle est intelligente, elle comprendra... et vous verrez qu'avant huit jours, tout sera rentré dans l'ordre.

« Par exemple, attendez-vous à une discussion... peut-être même à des larmes.

« Mais, tenez bon... ne vous laissez pas attendrir... et la victoire est à vous.

Guervé s'empressa de suivre les sages conseils du directeur.

Lorsque, vers sept heures, Marie-Thérèse, qui avait passé son après-midi dans une vente de charité, où elle avait tenu un comptoir, rentra, toute fière d'avoir battu le record des recettes, Jacques l'accueillit, comme toujours, avec une joie ardente... Elle répondit avec élan à ses baisers.

Tout de suite, avant même de lui raconter, ainsi qu'elle le faisait toujours, l'emploi de sa journée, elle s'écriait :

— Tu n'es pas en smoking ?

— Non, tu vois.

— Dépêche-toi... je vais vite passer ma robe de soirée...

— Comment, nous sortons encore, ce soir ?

— Tu as donc oublié que les Darmel nous ont invités dans leur loge à la première de la Polinière ?

— Si, je m'en souviens très bien.

— Alors ?

— Ce soir, je ne me sens pas très bien...

— Quelle plaisanterie ! Tu n'as jamais eu si bonne mine...

— Ecoute-moi, ma chérie.

— Qu'y a-t-il donc, pour que tu prennes un air si tragique ?

— Je te demande en grâce de téléphoner aux Darmel que j'ai été pris d'un malaise subit.

— Voyons, mon petit, il est beaucoup trop tard... Nous allons passer pour des gens mal élevés.

— Alors, va. toi !

— Toute seule, sans toi ?

— Oui, sans moi.

— Jacques, c'est impossible... En te sachant ici, à la maison... je ne prendrais aucun plaisir.

— Pourtant il le faut.

— Pourquoi ?

— Tu ne m'en voudras pas de ce que je vais te dire ni, surtout, ne vas pas interpréter mes paroles comme un reproche ou un blâme à ton égard...

— Tu me fais peur ! Je ne t'ai jamais encore vu ainsi.

— Ecoute-moi, Marie-Thérèse... tu sais combien je t'adore...

— Moi aussi je t'aime !

— Je le sais, et voilà pourquoi je suis infiniment triste à la pensée que je vais sans doute te causer de la peine.

— Tu as un ennui ?

— Un gros...

— Dis-moi, vite ! s'alarmait sincèrement Marie-Thérèse...

— Corbert...

Il s'arrêta... tant il lui répugnait de mentir à son idole...

Mais celle-ci pressait :

— Le directeur du Moulin-Rouge ?

— Oui...

— Eh bien ! parle...

— Il m'a déclaré cet après-midi qu'il était très mécontent des maquettes que je lui ai apportées et que si cela continuait il exigerait la résiliation de notre contrat...

— Il est idiot, ce directeur...

— Détrompe-toi, c'est au contraire un homme très intelligent.

— Alors, c'est une fripouille ?

— Je n'ai jamais eu qu'à me louer de sa parfaite honnêteté...

— C'est qu'il n'y connaît rien...

— Détrompe-toi... il a, au contraire, un très réel sens artistique...

— Alors, s'écriait Marie-Thérèse, je ne comprends pas pourquoi il a trouvé tes dessins si mauvais...

« Moi je prétends, au contraire, que ce sont les meilleurs que tu aies jamais composés pour lui...

— Eh bien, moi, déclarait Guervé, je suis tout à fait de l'avis de Corbert.

— Tu veux rire.

— Non, je parle très sérieusement, ma chère Marie-Thérèse... Je n'avais pas besoin des observations de mon directeur pour m'apercevoir que je suis en baisse, et sais-tu pourquoi ?

— Parce que je t'accapare trop ?... lança la jeune femme avec une pointe de mauvaise humeur.

— Non ! parce que nous sortons trop, que nous nous couchons trop tard, que nous recevons trop de gens, et voilà pourquoi je te demande en grâce d'enrayer le mouvement si tu ne veux pas que j'en arrive bientôt à me gâcher entièrement.

Dissimulant la surprise et le mécontentement que lui causaient ces déclarations auxquelles elle était si loin de s'attendre, Marie-Thérèse répliquait :

— Mon chéri, nous ferons tout ce que tu voudras !

— Je n'en attendais pas moins de ta tendresse.

— Crois bien que si je m'étais doutée que je pouvais... par mon désir de nous distraire, ensemble, te gêner dans ton labeur et porter atteinte à ton talent, j'aurais été le première à te dire : restons chez nous !

« Je me figurais, moi, fille de bourgeois, que les artistes avaient besoin de vivre très en dehors et surtout de paraître...

« Tu me dis le contraire, je dis comme toi.

— Je te remercie, ma bien-aimée, s'écriait Jacques, de m'avoir si bien compris... tout de suite.

— Je veux tant que nous soyons heureux... et je ne saurais l'être si tu ne l'es pas... Voilà pourquoi je veux être et je serai toujours ta compagne !

Enivré d'allégresse, Jacques attira sa femme dans ses bras...

— Je ne saurais, fit-il, te dire combien tu mets de soleil en moi... Mais ne crois pas que je veuille nous claustrer tous les deux dans un isolement qui n'est ni de ton âge ni du mien...

« Ce que je te demande, c'est, — mon Dieu, tu vas sourire peut-être, — mais je ne peux pas trouver une meilleure comparaison... j'aurais besoin, comme chez les travailleurs, de la journée de trois huit...

— Je ne saisis pas bien.

— Huit heures de travail, huit heures de sommeil, huit heures de plaisir... Avec cela tout ira bien... car nous arriverons à établir un équilibre qui m'est moralement et plus physiquement indispensable...

Marie-Thérèse approuvait :

— Je trouve, en effet, cette solution excellente... Tu permets que j'aille au téléphone ?

— Pourquoi ?

— Prévenir les Darmel.

— C'est juste... Au moins, tu ne m'en veux pas ?

— Je suis ravie, au contraire, de tout ce que tu viens de me dire.

— Embrasse-moi.

— Tout de suite.

Ils s'étreignirent...

La jeune femme s'en fut ensuite demander sa communication... Puis, cette formalité accomplie, elle revint à son mari et l'entourant de nouveau de ses bras, elle lui murmura ce simple mot qui acheva d'exalter sa joie et son amour :

— Je t'aime !

III

L'ARTISTE ET LA PARISIENNE

Pendant un mois environ, Jacques fut le plus heureux des hommes... Il avait réalisé son rêve...

Dans son atelier, que Marie-Thérèse se plaisait à orner des fleurs préférées de son mari, il travaillait avec un renouveau d'ardeur et d'allégresse... Car ainsi qu'il l'avait tant souhaité, il *la sentait là*... tout près... toute voisine de son magnifique effort, inspiratrice de ses magnifiques envolées...

Ses brèves et discrètes apparitions près de lui achevaient de donner des ailes à son talent...

Tout vibrant de son émotion d'artiste, il lui montrait ses œuvres... et elle ne se contentait plus de résumer ses impressions en deux mots, peut-être très français, mais si faux parce que si loin l'un de l'autre... « C'est gentil... » ou bien « C'est formidable ! » Non, maintenant, elle disait pourquoi elle admirait... Et jamais la satisfaction de son mari n'était plus grande que lorsque, à ses éloges toujours justes, il se mêlait une légère critique presque toujours exacte... et dont elle s'excusait avec tant de grâce que Jacques, ravi, s'écriait :

— Que je suis content de te voir t'intéresser à ce que je fais !..

« Ne trouves-tu pas que la vie est douce ainsi ?

Trop douce, sans doute, et par suite, trop monotone... car bientôt, malgré elle, sans trop s'en rendre compte, Marie-Thérèse finit par s'en fatiguer...

Elle commença par sortir davantage dans l'après-midi.. rejoindre, à l'heure du thé, quelques amies qui lui reprochaient de se laisser chambrer ainsi... et poussaient même la rosserie jusqu'à lui dire qu'elle avait engraissé et qu'elle commençait à perdre cette jolie ligne dont elle était si fière.

Il n'en fallut pas plus pour faire évanouir toutes ses belles résolutions. Le matin, elle se mit à faire du footing, l'après-midi, à jouer au tennis, où, naturellement, elle rencontra des partenaires qui lui déclaraient qu'elle avait bien tort de s'enterrer ainsi, lui parlèrent des spectacles, des films, qu'il fallait avoir vus... des nouvelles boîtes de nuit qui exigeaient une visite... Et puis, après tout, si son mari l'ennuyait, elle n'avait qu'à sortir sans lui... Un tas de jeunes femmes n'en faisaient-elles pas autant et, somme toute, elles n'avaient qu'à s'en louer.

Rentrée chez elle, Marie-Thérèse se prit à ruminer tous ces propos qu'elle avait entendus... Aussi, pendant le dîner, fut-elle moins gaie que de coutume.

Jacques s'en aperçut, car aucune nuance ne lui échappait quand il s'agissait de sa femme.

Il l'interrogea discrètement sur les gens qu'elle avait rencontrés dans la journée... Elle les lui nomma, sans la moindre hésitation.

Ils parurent laisser Jacques indifférent. Alors lui se mit à raconter à Marie-Thérèse les potins de coulisses qu'il avait recueillis au cours d'une visite au directeur du Moulin-Rouge...

La jeune femme, qui, d'habitude, prenait un plaisir d'autant plus vif aux récits de ces mille et un riens de la vie parisienne que son mari retraçait d'ailleurs avec infiniment d'esprit... parut les écouter d'une oreille plutôt distraite... Et la conversation languit jusqu'à la fin du dîner.

En se levant de table, Guervé proposa :

— Montons dans l'atelier, tu me feras un peu de musique.

Marie-Thérèse accepta avec plus de résignation que d'enthousiasme.

Elle était pourtant une excellente musicienne, l'une des meilleures élèves de la grande pianiste Mlle Octavie Carrier-Belleuse, dont l'admirable enseignement devrait servir d'exemple à tant de professeurs...

Ce soir-là, au lieu de s'attaquer à une sonate de Beethoven ou à un nocturne de Chopin, elle se mit presque inconsciemment à jouer l'un de ces odieux charlestons qui ont une certaine couleur lorsqu'ils sont exécutés par un jazz, mais deviennent quelque chose de hideux lorsqu'on les transpose au piano.

Quelque peu étonné, Guervé s'écria :

— Mais c'est horrible, ce que tu me joues là !...

— Je ne suis pas de ton avis ! répliquait Marie-Thérèse... je trouve, au contraire, que cette musique nègre a son charme !... En tout cas, cela vaut bien les accents macaroniques de Puccini, et les niaiseries sentimentales de Reynaldo Hahn.

— Avant tout, moi, je préfère une sonate de Mozart, les variations symphoniques de César Franck.

— Toi, tu n'aimes que les classiques.

— Mais pas du tout ! j'apprécie énormément les maîtres modernes et j'éprouve toujours une grande sensation d'art lorsque tu me joues, par exemple, la *Cathédrale engloutie*, de Debussy.

— Je t'en prie, laisse-moi m'amuser.

Et Marie-Thérèse continua son charleston...

Jacques se leva, s'en fut prendre un livre, s'assit à l'autre bout de l'atelier, et se plongea dans sa lecture.

Le lendemain matin, au déjeuner, sa femme lui annonça à brûle-pourpoint :

— Qu'est-ce que nous faisons ce soir ?

Un peu surpris par cette question directe, Guervé répliqua :

— Mais, rien... c'est-à-dire que j'ai rendez-vous avec Noirmont, le metteur en scène du Moulin-Rouge...

— Alors c'est bon, n'en parlons plus !

— N'en parlons plus.. de quoi ?

— Rien !

— Pourquoi me faire des cachotteries, ma chérie ?

— Je ne te fais pas de cachotteries !

— Si, je le vois !

— A quoi ?

— A la moue de tes jolies lèvres et au léger pli qui sillonne ton front !

« Je parie que tu avais envie d'aller au théâtre ?

— Au théâtre, non... mais ce soir, toute la bande va au cinéma...

— Quelle bande ?

— Les Darmel, les Wansberg, les da Crossa, le Tito Ruffani, miss Brandbury,

Stani Politesco, rien que des Parisiens pur sang...

— Ah ! tu trouves que ce sont des Parisiens pur sang ?

— Voyons, il n'y a que toi pour prétendre le contraire.

— Eh bien ! soit, ce sont des Parisiens pur sang... Alors tu dis qu'ils vont au cinéma ?... Auquel ?

— Au Colisée, parbleu...

— Il y a un programme intéressant ?

— Je n'en sais rien, et je crois qu'ils ne sont pas beaucoup mieux renseignés que moi !

— Alors ?

— Ce n'est pas pour voir des films qu'ils vont là tous les vendredis, c'est pour chahuter, pour siffler, faire du tapage...

— Et on ne les expulse pas ?

— Au contraire, c'est la principale attraction de la soirée... Ça doit être très drôle... On y va ?

— Mais, ma pauvre petite, je ne peux pas remettre Noirmont... Il a besoin de mes directives pour la répétition de demain.

— Il est bien rasant, ce Noirmont !

— Nous irons vendredi prochain.

— Et puis vendredi prochain il y aura encore un autre empêchement.

Voyant l'air boudeur qu'avait pris sa femme, Jacques fit, espérant bien qu'elle allait lui répondre négativement :

— Tu n'as qu'à y aller sans moi !

Cette fois, à son étonnement et à sa déception, Marie-Thérèse répondait avec décision :

— Eh bien, c'est entendu ; je vais téléphoner aux Wansberg qu'ils peuvent venir me chercher...

— L'auto est à ta disposition.

— Mais non, mon petit, inutile de déranger notre chauffeur dont tu auras besoin demain matin de très bonne heure... Les Darmel me rentreront.

Guervé n'insista pas... Il sentit son cœur se serrer douloureusement... car il venait de comprendre que sa femme allait lui échapper...

Mais il ne lui laissa rien voir de son angoisse... Il espérait qu'au dernier moment elle se ressaisirait et resterait près de lui.

Il n'en fut rien... elle partit après l'avoir embrassé au front... rapidement...

Il fut sur le point de s'élancer à sa poursuite, de lui crier :

— J'y vais, moi aussi !

Mais on annonçait M. Noirmont... La raison l'emporta sur l'amour... Jacques donna l'ordre de faire monter le metteur en scène dans son atelier.

Il le rejoignit presque aussitôt, le temps de se ressaisir et de donner à sa physionomie tourmentée son aspect habituel de belle humeur...

Tant que dura son travail, il n'éprouva ni ne manifesta aucune inquiétude, aucune tristesse...

Mais, lorsque M. Noirmont se retira et qu'il se retrouva seul dans le vaste atelier, ce fut un vrai désastre.

... Sentant, au bout de quelques minutes, que l'absence de son idole lui devenait insupportable au point de lui arracher des larmes, il prit la subite résolution d'aller la chercher...

Rapidement, il passa son pardessus, empoigna son chapeau et sortit...

Il eut beaucoup de peine à trouver un taxi et il perdit ainsi plus d'un quart d'heure...

Aussi lorsqu'il arriva au Colisée, le spectacle était-il terminé.

Il résolut de rentrer aussitôt chez lui, afin de rassurer Marie-Thérèse, car il ne doutait pas qu'elle s'inquiéterait de son absence.

Il sauta de nouveau dans un taxi et promit un gros pourboire au chauffeur si celui-ci le ramenait rapidement chez lui... ce qui fut fait.

En descendant d'auto, il constata qu'aucune fenêtre de l'hôtel n'était illuminée... Il s'ouvrit lui-même, car les domestiques étaient couchés et il se rendit à sa chambre...

Elle était vide... ainsi que le cabinet de toilette...

Il eut d'abord l'idée que Marie-Thérèse s'était cachée quelque part en manière de plaisanterie... Il explora toute la maison sans succès...

Alors, il se dit :

« Ne me trouvant pas là, elle aura cru que j'avais fait un coup de tête et elle sera partie à ma recherche... »

Mais que faire ? Où aller ?

Mieux valait ne pas s'égarer et s'éloigner encore davantage l'un de l'autre en une poursuite incertaine et il demeura là, à la fenêtre, guettant, avec l'anxiété douloureuse d'un amant, le retour de l'adorée.

A chaque voiture de maître qui s'approchait, son cœur battait plus violemment, car il se disait :

« La voici ! »

Mais quand il constatait que le véhicule, au lieu de s'arrêter devant la porte, continuait son chemin, le véritable désespoir qui le secouait se traduisait par ces mots qui tombaient lourdement dans le silence environnant :

— Où est-elle, mon Dieu ?... Où est-elle ?

Enfin vers trois heures du matin, un cabriolet, carrossé-sport et au moteur très puissant, stoppait devant son hôtel...

Ne reconnaissant pas la conduite intérieure des Wansberg, Guervé subitement affolé se dit :

« Il a dû arriver malheur à Marie-Thérèse. »

Mais à peine cette pensée sinistre lui avait-elle traversé l'esprit, qu'il apercevait sa femme descendant d'auto.

Après avoir adressé un geste d'au revoir à un jeune homme installé au volant, elle se hâtait vers la porte.

Jacques se précipita pour lui ouvrir...

Trop tard ! Marie-Thérèse était déjà dans le vestibule dont elle avait tourné le commutateur.

— D'où viens-tu ?

Telle fut la première question que lui posa l'artiste.

— De souper... répliqua la jeune femme avec le sourire le plus naturel du monde.

— Tu aurais pu me prévenir... reprenait Guervé... car j'étais mortellement inquiet.

— J'ai téléphoné ; mais on m'a dit que personne ne répondait. Cela devait être vrai ; car, j'ai entendu dans l'appareil que l'on sonnait ici à plusieurs reprises !

« Elle a dû me demander pendant que j'étais au Colisée, » se dit-il...

Mais ne voulant pas passer à ses yeux pour un mari jaloux, encombrant et déjà presque

ridicule, il garda le silence et parut se contenter de cette explication.

Marie-Thérèse commença à gravir l'escalier qui donnait au premier étage... Comme Jacques demeurait sur place, sous le coup de l'angoisse instinctive qui l'accablait, elle se retourna et fit d'un ton ironique :

— Tu attends donc encore quelqu'un ?

— Mais non.

— Eh bien ! monte.

Jacques, docilement, lui emboîta le pas... Ils arrivèrent à leur chambre...

Marie-Thérèse jeta sur un fauteuil son manteau de soirée... Jamais peut-être encore Jacques ne l'avait trouvée si belle... Et pourtant il demeurait à quelque distance d'elle, froid, impassible, les dents serrées et le regard attristé...

— Qu'as-tu ? interrogea la jeune femme.

— Rien ! répliqua Jacques d'une voix morne.

— Allons donc ! Tu es furieux parce que je suis sortie ce soir sans toi.

— Pas du tout !

— Ne mens donc pas !

— Je dis la vérité... Ce qui m'a énervé, c'est que tu sois rentrée si tard.

— Ce n'est pas de ma faute... si tu n'as pas entendu la sonnerie du téléphone.

Il y eut un silence... puis Marie-Thérèse fit :

— Chéri, veux-tu m'aider à me déshabiller ?

— Volontiers...

Il s'approcha lentement, sans le moindre empressement.

D'un geste agacé, Mme Guervé enleva elle même sa robe par-dessus sa tête...

— Donne-moi au moins le temps, observait Jacques.

— Tu n'en finis pas !

— Et toi, vraiment, tu es d'une nervosité...

— Ah ! je t'en prie !...

Il y eut un nouveau silence... annonciateur de querelle, que Guervé tenait à éviter, d'autant plus que, jamais encore, la moindre dispute ne s'était élevée entre sa femme et lui, et il ne voulait pas qu'entre elle et lui fussent échangées de ces paroles regrettables qui créent dans un ménage les premiers malentendus...

Aussi, tout en cherchant et en parvenant à se dominer, il fit d'un ton volontairement léger :

— Où as-tu soupé ?

— Ce sont les Darmel qui m'ont entraînée, répondait en hâte la jeune femme.

— Où cela ?

— Dans une nouvelle boîte de Montmartre dont je ne sais même pas le nom.

— C'était amusant ?

— Assez ! Il y a là un ténor nègre remarquable.

Négligemment, et sans paraître accorder à ce qu'il disait la moindre importance, Guervé insinuait :

— Je croyais que les Wansberg devaient te reconduire ?

— C'était convenu, en effet, répliquait Marie-Thérèse sans la moindre gêne apparente... mais Mme Wansberg a été prise d'une névralgie... Elle n'a même pas pu rester au cinéma jusqu'à la fin... Alors, comme les Darmel emmenaient avec eux miss Bradbury et son flirt...

— Son flirt ?...

— Oui, Tito Ruffani, un Italien charmant, d'ailleurs... Stani Politesco m'a fort aimablement proposé de me rapatrier à Auteuil.

— Stani Politesco ?... Connais pas ! fit sèchement l'artiste.

— Je sais... mais il a le plus vif désir de t'être présenté... C'est un poète romain, et il a beaucoup de talent.

— Comment le sais-tu ?

— On me l'a dit... Mais, mon petit, je t'en prie, couchons-nous... Demain matin, tu seras fatigué et tu diras encore que c'est ma faute si tu n'es pas en train de travailler.

Jacques n'insista pas... Il avait compris que son ménage était brisé. Il ne se trompait pas... Le Tout-Paris lui avait volé son idole. Il essaya, par tous les moyens, de la reconquérir. Ce fut en vain...

Lorsqu'une femme est infestée par ce virus qu'on appelle le snobisme du plaisir, il est inutile de chercher un contre-poison... Il n'en existe pas..

Mais il se sentait encore si éperdument amoureux de Marie-Thérèse qu'il s'accrocha désespérément à l'espoir qu'à force d'indulgence, de douceur et de bonté, il la ramènerait à lui.

Un an se passa sans apporter aucune amélioration à cet état de choses qui le torturait sourdement...

L'amour de son art et le respect de son travail le sauvèrent du désespoir...

Et puis, sa femme avait des exigences d'argent de plus en plus considérables... et il tremblait à la pensée qu'en ne lui en donnant pas assez, elle s'en fût en demander à d'autres...

Un instant, il songea au divorce... Il la fit surveiller discrètement par plusieurs détectives privés... Et tous furent unanimes à lui affirmer qu'elle n'avait pas d'amants...

Et c'était vrai !... Marie-Thérèse était une « sorteuse » et c'est tout... Et durant les rares instants d'intimité qu'elle accordait à son mari, celui-ci retrouvait toujours l'amante des premiers jours.

Jacques se dit que la maternité serait le remède le plus efficace à cette espèce de folie mondaine dont sa femme était atteinte...

Mais alors elle lui déclara qu'elle ne voulait pas d'enfants parce que, d'abord, être enceinte représentait pour elle le summum du grotesque et de l'ennui...

Elle ajouta qu'une de ses cousines était morte en couches et qu'elle n'avait pas envie d'en faire autant.

Dès le lendemain, elle exigea que Jacques et elle fissent chambre à part non pas, ainsi qu'elle le disait, parce qu'elle voulait se soustraire au devoir conjugal, mais parce qu'elle voulait être à l'abri de toute surprise.

Jacques céda encore... et en fut d'autant plus malheureux qu'il n'avait personne autour de lui à qui faire ses confidences...

Ses parents ?... ils étaient incapables de comprendre, et mieux valait ne pas troubler leur aveugle et béat optimisme...

Les Castalet !... S'il se plaignait à eux de leur fille, l'aimable indifférence qu'ils lui avaient témoignée jusqu'alors se changerait aussitôt en une hostilité systématique.

Des amis ?... Il en avait... mais il en est si peu qui savent compatir au genre de peine dont il souffrait. Et puis en étalant devant des tiers la misère de son cœur, n'était-ce pas un blâme direct qu'il adressait à sa compagne ?

Les quelques paroles de commisération, les quelques conseils plus ou moins adroits qu'il obtiendrait en échange de ses révélations pénibles, ne valaient pas le risque de nuire à la réputation de sa femme et de donner prise à certains potins et médisances qui circulaient déjà sur son compte.

Cette cruelle et silencieuse épreuve n'avait pas été sans altérer quelque peu sa santé, jusqu'alors si robuste.

Il s'en fut voir un médecin, très connu, qui lui avait été recommandé par le directeur du Moulin-Rouge... Le praticien, après l'avoir tâté dans tous les sens et examiné avec attention les analyses du sang et autres qu'il avait envoyées, lui déclara qu'il mangeait et buvait trop... et qu'il abusait avec exagération de ce qu'on est convenu d'appeler les bonnes choses de la vie.

Jacques eut beau affirmer — ce qui était vrai, d'ailleurs — qu'il avait une hygiène parfaite, le diafoirus académique ne l'en colla pas moins à un régime excessivement sévère...

Au bout d'un mois de cette dangereuse expérience, il n'était plus qu'une loque...

On lui donna l'adresse d'un autre médecin peut-être moins célèbre que le premier, mais à coup sûr, beaucoup moins exclusif...

Tout de suite il diagnostiqua le véritable mal dont souffrait le jeune artiste : la neurasthénie...

Il lui conseilla d'envoyer promener son régime... surtout de changer d'air... de voyager, si cela lui était possible...

On était à la fin de juillet... Marie-Thérèse était depuis quelque temps déjà chez ses parents à Deauville, où Guervé comptait prochainement la rejoindre. Il y renonça et partit seul, en auto, visiter la Bretagne.

Il était déjà depuis trois semaines en route et il s'était arrêté dans cette si jolie localité du Finistère qui s'appelle Saint-Pol-de-Léon, dont l'admirable clocher, dit le Kreisker, et la non moins merveilleuse cathédrale avaient excité son enthousiasme, lorsque, sur la grande place, il assista un soir à une représentation que donnaient des bohémiens.

Parmi eux se trouvait une jeune fille triste, mélancolique et belle... Elle attira et retint l'attention du jeune artiste, non pas seulement parce que sa danse ne ressemblait pas à celle des autres, et qu'elle exprimait toute la gamme des sentiments humains qui peuvent naître d'un cœur tendre et d'un cerveau profond, mais encore parce qu'elle était délicieusement, divinement blonde.

Tout de suite il songea :

« Quel succès elle aurait au music-hall... »

Mais il n'attacha pas plus d'importance à cet incident de route... et il l'avait déjà oublié, lorsqu'un jour, un peu avant d'arriver à Tréguier, il aperçut une femme vêtue d'étranges oripeaux, qui pleurait, assise sur un tas de cailloux, au bord de la route.

« On dirait ma petite bohémienne de Saint-Paul », se disait-il...

Il stoppa, sauta à bas de sa voiture et s'avança vers celle qui, tout à son chagrin, ne semblait plus rien entendre ni voir personne.

Jacques ne s'était pas trompé... C'était bien elle... Il lui toucha doucement l'épaule...

Elle tressaillit, releva la tête... Ses yeux étaient pleins de larmes.

— Vous semblez malheureuse ?... interrogea le jeune artiste.

Les larmes de la bohémienne redoublèrent et, simplement, elle montra à son interlocuteur son bras presque nu sous sa manche arrachée... Il portait une forte contusion qui marquait d'une tache d'encre une peau que, sous le hâle du grand air qui la patinait, on devinait blanche et fine, et, secouée par les sanglots, elle hoqueta :

— C'est encore Tirko qui m'a battue.

— Tirko ?

— Oui, le chef.

— Pourquoi ?

— Parce que je ne voulais pas voler.

Ainsi que Wilhem Meister lorsqu'il rencontra pour la première fois Mignon, sur sa route, et qu'il l'arracha aux brutalités de l'immonde Jarno, Jacques se sentit immédiatement envahi par une incommensurable pitié !

Encouragée par le regard compatissant dont l'enveloppait son interlocuteur, la bohémienne blonde reprit avec un très léger accent qui n'était que le reflet atténué de celui des gens au milieu desquels elle vivait :

— Il ne m'aime pas, Tirko... parce que je ne suis pas de sa race.

— Ah ! vraiment ? s'exclamait Guervé...

Et, vivement intéressé, il demanda :

— D'où venez-vous donc ?

— Je ne sais pas !

— Et comment se fait-il que vous vous trouviez au milieu de ces nomades ?

— Je ne sais pas ! répondait toujours la malheureuse...

Parfois, il me semble que je revois des grands bois, une rivière, une maison blanche, et que j'entends comme au loin, très loin, des voix qui me parlent avec bonté !...

« Et puis, tout cela s'efface, disparaît comme un rêve...

— Comment vous appelez-vous ?

— Mitza... C'est le nom qu'ils m'ont donné... et je ne m'en connais pas d'autre !

— Quel âge avez-vous ?

— Je ne sais pas !...

— Et vous n'avez jamais eu l'idée de quitter cet homme qui est si méchant pour vous ?

— Ils sont tous méchants.

— Alors, pourquoi restez-vous ?

« D'abord, aucun lien de famille ne vous attache à eux.

« Ensuite, vous êtes majeure, et vous avez le droit de reconquérir votre liberté.

Mitza dirigea ses grands yeux noirs vers le jeune artiste... Elle ne pleurait plus ; mais ce fut cependant d'une voix encore toute tremblante d'incertitude et de désarroi qu'elle murmura :

— Où irais-je ?

Guervé reprit :

— Voulez-vous me laisser vous sauver ?

— Vous ! s'écriait la bohémienne blonde avec méfiance... je ne vous connais pas.

— Mais moi je vous connais ! ripostait Jacques... je vous ai vue danser l'autre jour...

— Où cela ?

— A Saint-Paul-de-Léon... Je suis ar-tiste... eh bien, je n'hésite pas à vous le dire : vous m'avez enthousiasmé !

— Moi ! pas possible !... s'étonnait sincèrement Mitza.

Et avec un demi-sourire, elle ajouta :

— Pourtant, je dansais bien mal, ce jour-là. C'était le jour où Tirko m'avait battue... je puis faire mieux... beaucoup mieux...

— J'en suis sûr ! déclarait Jacques...

Et sur un ton plein de gravité, il continua :

— Ecoutez-moi bien, petite Mitza... je vous parle très sérieusement... Vous pouvez devenir un jour beaucoup plus prochain que vous ne le pensez, une grande, une très grande artiste...

— Ce n'est pas possible ?

— Si !

— Vous ne vous moquez pas de moi ?

— S'il en était ainsi, je serais le dernier des lâches... et croyez-moi, Mitza, je suis un très honnête homme.

— Vous en avez l'air... Parlez encore... je vous écoute.

Guervé poursuivait avec un accent de conviction chaleureuse qui allait convaincre la pauvre petite :

— Je puis vous fournir dès maintenant le moyen de vous délivrer de Tirko et de sa bande... et d'en finir avec une existence lamentable...

« Je suis, en effet, le dessinateur attitré d'un grand music-hall de Paris.

« Je suis en excellents rapports avec le directeur de cet établissement... Il cherche toujours de l'inédit...

« Il y a peu de temps, il me disait combien il lui était difficile de mettre la main sur des attractions originales...

« Il a besoin de vedettes nouvelles... Vous pouvez en être une.

— Moi ?

— Vous !... mais à une condition : c'est de rester l'artiste innée que vous êtes et de ne chercher l'inspiration qu'en vous-même.

« Je vais vous remettre une somme d'argent grâce à laquelle vous pourrez prendre le train pour Paris, où je serai demain soir. Voici mon nom et mon adresse.

Il lui remit sa carte à laquelle il joignit un billet de mille francs, tout en disant :

— Je regrette de ne pouvoir vous emmener tout de suite avec moi, mais je suis marié, et je ne voudrais pas, autant pour vous que pour moi, que l'on tînt sur nous de vilains propos.

— Comme vous êtes bon de me parler ainsi ! s'écriait Mitza.

— Alors vous acceptez ?

— J'accepte... Demain soir, vers quelle heure pourrai-je aller chez vous ?

Jacques réfléchit un instant... puis il dit :

— J'irai vous attendre au train qui doit arriver aux environs de sept heures du soir, à la gare Montparnasse... Je m'assurerai de l'heure exacte.

— Vous serez là, n'est-ce pas ? fit la bohémienne blonde en jetant un regard un peu inquiet vers l'auto de son bienfaiteur.

— Soyez tranquille ! ma voiture peut faire du cent vingt à l'heure...

— N'est-ce pas trop vite ?... Je m'en voudrais toute ma vie s'il vous arrivait un accident à cause de moi !

— Ne vous tourmentez pas ! Vous me trouverez sur le quai de la gare à l'heure dite.

Elle lui tendit la main... L'artiste la serra doucement... Puis il se dirigea vers sa voiture...

Mitza se leva et l'accompagna.

— A demain, fit-elle.

— A demain, répondit-il.

Il démarra et disparut dans un nuage de poussière.

Bientôt Guervé se reprocha d'avoir cédé à un emballement un peu trop rapide...

« Qui sait ! se demanda-t-il, si cette petite ne m'a pas roulé...

« Toute cette histoire, à présent, me semble trop romanesque pour être vraisemblable... et il se pourrait fort bien que ce soir, Tirko et sa tribu, y compris Mitza, fassent ripaille avec mon billet de banque.

« Après tout, tant pis !

« Cette Mitza me paraissait tellement sincère que, somme toute, j'ai mieux fait de risquer la partie... quitte à la perdre, ainsi que c'est probable. »

Le lendemain, après avoir brûlé les étapes, il arrivait à Paris assez tôt pour passer chez lui... prendre un bain reposant et troquer ses vêtements de touriste pour ceux d'un correct gentleman...

Cela fait, il se rendit à la gare Montparnasse, de plus en plus persuadé que Mitza était restée là-bas...

Pas du tout !

Une des premières, elle descendit du train et regarda autour d'elle, toute dépaysée.

Puis, reconnaissant son bienfaiteur qui s'avançait vers elle... elle fit... soulagée de l'anxiété qui l'avait étreinte pendant tout le trajet :

— J'avais peur de ne pas vous revoir... et pourtant je suis venue !

Guervé l'entraîna, afin de la soustraire à la curiosité du public qui commençait à trouver très drôle de voir un jeune homme aussi chic que le jeune artiste se faire le chevalier servant d'une bohémienne en costume de route.

— Ma petite Mitza, fit Jacques, je ne peux pas vous recevoir chez moi, mais je vais vous conduire dans un hôtel très simple, dont je connais le directeur... auquel je vais vous recommander, et qui se montrera très gentil envers vous...

« Dès demain, je vous présenterai à M. Corbert, le directeur du Moulin-Rouge.

« Il faut qu'il vous voie telle que vous êtes, et je vous garantis qu'une heure après vous aurez signé avec lui un bel engagement et que vous débuterez dès la rentrée, dans la prochaine revue.

— C'est trop beau ! c'est trop beau ! s'écriait Mitza avec une joie toute enfantine.

Le lendemain, Guervé présentait Mitza à son ami Corbert...

Contrairement à son attente, celui-ci ne s'emballa pas... Loin de là... L'audition, en effet, ne donna pas ce qu'on en espérait...

La bohémienne blonde, déroutée par un accompagnement au piano si différent de la guitare et du tambourin, qui seuls jusqu'alors avaient rythmé ses danses, perdit la plus grande partie de ses moyens...

En outre, mal éclairée par le luminaire des plus restreints, qui lui avait été dévolu, elle perdit les trois quarts de son originalité.

Le manager qui était assis à l'orchestre auprès de Guervé, se pencha vers lui et lui dit :

— C'est cela votre phénomène ? Vraiment, mon cher, je ne sais pas à quoi vous pensiez ce jour-là !

Et Jacques dut insister vivement pour que le directeur l'engageât à raison de cinquante francs par représentation.

— On la casera où on le pourra, fit Corbert, généralement plus clairvoyant.

« Arrangez-vous avec l'auteur et le metteur en scène, afin que ça ne soit pas un désastre.

En fait de désastre, nous avons vu plus haut que ç'avait été un triomphe. Le sens artistique du dessinateur l'avait emporté sur l'expérience du direceturr.

Mitza, ou plutôt Marquita la bohémienne blonde, venait d'être sacrée grande vedette.

Et pourtant, celle qui aurait dû rayonner d'allégresse, était là, courbée sous le poids d'une mystérieuse douleur... pleurant au lieu de sourire... et n'ayant même pas, pour celui auquel elle devait tout, l'élan de gratitude qu'il était en droit d'exiger d'elle.

III

APRÈS LE TRIOMPHE

Guervé songeait :
« Sans doute, est-ce un excès de joie ? »
Il se pencha vers elle et lui dit :
— Pourquoi pleurez-vous ainsi ?
La bohémienne ne répondit pas et garda sa tête entre ses mains.

— Voyons, qu'avez-vous? insistait Jacques... Ce n'est pas raisonnable, après un tel succès.

Comme elle continuait à garder le silence, il reprit :

— Seriez-vous fâchée contre moi?

Brusquement, elle releva la tête... et tournant vers le jeune artiste son beau visage baigné de larmes, elle fit, d'une voix entrecoupée par les sanglots :

— Fâchée contre vous! moi qui vous dois tout! moi qui vous suis attachée par une éternelle reconnaissance... Oh! pourquoi avoir une pareille pensée?

— Ma pauvre petite, moi, je ne sais plus !... Je m'attendais si peu à me trouver en face d'une pareille explosion de douleur...

— Je suis ridicule, n'est-ce pas?

— Je ne dis pas cela... je m'inquiète seulement de vous voir ainsi, et je voudrais savoir.

La bohémienne blonde eut un haussement d'épaules, qui semblait vouloir dire :

— A quoi bon?

Jacques insistait, avec l'accent de la bonté qui était innée en lui :

— N'ai-je pas un peu le droit d'être votre confident?

— Si !

— Eh bien, parlez! Vous ne pouvez pas?

« Voulez-vous que je vous interroge?

Marquita eut un signe d'acquiescement.

Guervé reprenait aussitôt :

— N'auriez-vous pas laissé, là-bas, quelqu'un que vous regrettez?

— Moi ! s'écria la jolie danseuse, subitement frémissante, mais tous ces hommes, je les haïssais du fond de mon âme... Eux aussi, ils me détestaient.

« Jamais l'un d'entre eux ne m'a considérée comme une femme.

« J'étais pour eux à la fois une servante et un animal savant dont ils cherchaient à tirer profit.

« Jamais, d'ailleurs, je vous le jure, je n'ai donné mon cœur, ni rien de moi à personne... Seulement...

Elle s'arrêta, hésitante.

On eût dit qu'elle redoutait l'effet qu'allait produire sur son interlocuteur les paroles qu'elle se préparait à prononcer.

Mais lui, l'encourageait du geste, du regard... Il avait pris ses mains fiévreuses... Il les tenait dans les siennes, et, de plus en plus troublée, moins douloureuse, cependant, ne pleurant plus, elle reprenait :

— C'est étrange ce que je vais vous dire... mais tant que j'ai été parmi ces nomades, je n'ai jamais eu l'idée de savoir qui j'étais.

« Ils m'avaient raconté une bonne fois pour toutes qu'ils m'avaient trouvée, l'hiver, dans le Nord, au coin d'un bois, enroulée dans une couverture et évanouie sous la neige ; je les avais crus... et puis à quoi bon les aurais-je interrogés? Ils ne m'auraient pas dit autre chose.

« Alors, peu à peu, je me pliai à toutes leurs volontés.

« Par peur d'être battue, je leur obéissais ; j'étais comme une pauvre petite bête sauvage qui, née dans une ménagerie, n'a jamais connu que la cage et la cravache de son dompteur.

« Plusieurs fois, j'eus des intentions de révolte... Un jour, je m'enfuis, mais ils ne furent pas longtemps à me rattraper, et ils me rouèrent tellement de coups, que je promis de ne plus recommencer.

« Et puis, il y avait parmi eux une femme terrible : Tiria... une vieille sorcière... J'en avais grand'peur... Elle avait réussi à me faire croire que si je m'en allais encore, ses tarots lui révéleraient l'endroit où je me cachais et qu'elle le dirait aux autres, afin qu'ils me reprennent.

— Pauvre petite ! murmurait Guervé, auquel Marquita n'avait pas encore raconté tous ces détails.

Maintenant, elle poursuivait, enhardie, décidée à tout dire :

— Tiria est morte il y a deux mois. Si elle avait été vivante, jamais je n'aurais osé vous rejoindre à Paris.

— Croyez-vous donc, s'écriait Guervé, que je n'aurais pas été capable de vous défendre contre ces vilaines gens ?

— Oh ! si, mais elle, la vieille, m'aurait jeté un sort.

— Comment, Marquita, vous croyez encore à toutes ces superstitions ?

— Oui, répliquait la petite ballerine des grandes routes et des places publiques.

Et avec une conviction impressionnante, elle poursuivit :

— J'ai vu s'accomplir des choses que la vieille Tiria m'avait prédites.

« Elle prétendait, entre autres, que je serais un jour l'une des reines de Paris... mais qu'alors les souffrances que j'endurerais ne seraient rien à côté de celles que j'avais déjà supportées.

Guervé conseillait :

— Il faut chasser loin, très loin de vous ces tristes pensées, qui ne sont que l'écho mensonger d'un passé qui, pour vous, doit être à jamais aboli.

— Oh ! ce n'est pas pour cela que j'ai pleuré... affirmait Marquita.

— Alors, pourquoi ?

— Parce que, à présent que je connais mieux le monde, et que, maintenant que je sais où je vais, je ne cesse de me demander d'où je viens. Je me dis que ces bohémiens m'ont sans doute volée à des parents qui me chérissaient et qui me pleurent peut-être encore, tant ma disparition a dû marquer en eux un sillon d'inguérissable souffrance.

« Je pense aussi que jamais ils ne me reverront, jamais je les retrouverai et que je mourrai sans savoir qui je suis.

« Certes, ce soir, j'étais heureuse, très heureuse de mon succès... d'abord à cause de vous... parce que, seul, vous avez cru en moi, que vous m'avez réconfortée lorsque le découragement m'abattait et que vous me donniez ainsi d'excellents conseils auxquels je dois ma réussite... puis, aussi, parce que je comprenais, en livrant cette grande bataille, que je venais de conquérir cette indépendance vers laquelle, depuis longtemps, se tendaient tous mes désirs.

« Et puis, tout à coup, je me suis dit : « A quoi bon tout cela ?... »

« Je n'ai ni famille, ni foyer... l'argent, c'est très utile, c'est même très beau... je ne le méprise pas...

« Récemment encore, je peinais trop pour gagner les quelques sous que Tirko me reprenait, pour ne pas apprécier cette fortune que je vous dois... Mais après ?... Quel vide autour de moi !

— Ne croyez pas cela ! protestait Jacques... vous allez être extrêmement fêtée, adulée !...

— Ce n'est pas cette joie-là que je recherche... déclarait la bohémienne blonde... ce que je voudrais, c'est le parfum tendre et discret d'une intimité reposante... C'est, en rentrant chez moi...

Elle s'arrêta... un sanglot, de nouveau, gonfla sa poitrine...

Jacques l'attira vers lui, et fit, avec cette douceur nuancée de force qui le caractérisait :

— Je vous devine, chère petite fleur poussée dans les ruines et parmi les ronces, puis transplantée en plein soleil, dans un parterre où, du premier coup, vous brillez d'un si rare éclat, que déjà vous éclipsez les autres.

« Vous êtes encore étourdie par l'aventure extraordinaire qui vous arrive, par le véritable conte de fées que vous vivez, et cela parce qu'il vous manque le prince charmant...

« Mais rassurez-vous, avant peu, dès demain, il ne s'en présentera que trop pour cueillir votre cœur.

« Je vous connais assez pour être sûr que vous ne vous donnerez qu'à celui que vous aimerez vraiment...

« Mais prenez garde à l'amour... L'amour, c'est ce qui vous donne, ici-bas, le maximum de joie, mais aussi le summum de douleur.

Et il ajouta, d'un ton douloureux :

— Je puis vous en parler, puisque j'aime une femme dont je me suis cru aimé, une femme qui, pendant une demi-année à peine, a fait de moi le plus heureux des hommes... et maintenant me fait connaître les plus atroces tortures.

— Alors, interrogeait Marquita, vous croyez que lorsque l'on s'aperçoit que l'on n'est plus aimé, cela ne suffit pas pour éteindre toute flamme ?

— Il devrait en être ainsi, Marquita, reprenait Jacques... Mais la loi mystérieuse qui rapproche les cœurs n'a pas voulu ou n'a pas pu empêcher que la fidélité de l'un survécût à l'abandon de l'autre.

« Je puis vous en parler par expérience. A plusieurs reprises, j'ai voulu m'arracher à cette véritable obsession, à cette hantise lancinante qu'est mon amour pour ma femme.

« Je me suis révolté contre ma lâcheté morale, contre le réel asservissement que j'avais accepté.

« Avant de rompre tout à fait, j'ai essayé de m'éloigner, de voyager, mais je suis toujours revenu vers elle.

« Je ne voudrais pas en médire, car elle n'est pas méchante... Mais elle est coquette.

« Il lui faut des adulations, des hommages... Elle n'aime pas son intérieur... Elle ne cesse de répéter :

« — Je suis de mon époque !... voilà tout ! »

« Elle ne me trompe pas... Je ne dis pas cela par amour-propre... mais uniquement parce que c'est la vérité...

« Elle n'est même pas flirteuse... mais elle ne peut se passer de la société des hommes... et de quels hommes !... de ces snobs inutiles, prétentieux et bêtes, ces jeunes gens imbéciles qui ne cessent de proclamer la faillite du cœur, se considéreraient comme très vieux jeu s'ils avaient une maîtresse, car ils n'admettent plus que les vagues sensualités que l'on rencontre au dancing ou les émois que vous procurent l'opium, l'héroïne ou la coco.

« Tous ces gens, que je suis obligé de fréquenter tout de même à mes heures de loisir, parce que je ne veux pas que l'on puisse dire que je suis un mari imbécile ou complaisant, vous ne pouvez pas vous figurer, ma pauvre petite Marquita, à quel point ils me dégoûtent...

« Ils me traitent avec une sorte de politesse froide qui prouve qu'ils ne me considèrent pas comme « des leurs »... Ah ! ça, non, jamais !...

« Mais je ne prends même pas la peine de discuter avec eux... Ils sont navrants... Ils décrètent que ceci est bien, que cela est mal, sans savoir pourquoi... uniquement parce qu'ils ont reçu le mot d'ordre d'avoir telle ou telle opinion sur telle ou telle individualité ou tel ou tel événement.

« Ah ! les niaiseries de ces conversations, tour à tour empreintes d'une brutale gaîté, provoquée par l'absorption de plusieurs cocktails, et languissante, veule, idiote, coupée de temps en temps par un mot dont le manque d'esprit augmente encore la cynique cruauté.

« Lorsque je sors de ces réunions, presque gagné par cette contagion de vide que répandent autour d'eux toutes ces dindes et tous ces crétins, j'entends ma femme s'écrier, avec une conviction qui me navre au point que je ne sais plus quoi lui répondre :

« — Crois-tu que nous nous sommes amusés... Au lieu de t'abrutir à ton atelier, tu devrais venir plus souvent avec nous... Je t'assure que, moralement et physiquement, cela te ferait beaucoup de bien ! »

« Maintenant, vous connaissez ce drame intime de ma vie... je suis à la fois prisonnier de mon art, qui me défend contre ma femme, et esclave de ma femme, qui veut me détourner de mon art.

« J'ai beau me rappeler ce que m'a dit un jour mon maître, le grand peintre Duval-Guzlan : « Il vaut mieux sacrifier une femme que de gâcher son talent... Une femme, on en trouve toujours... mais le talent, jamais ! »

« Moi, je tâche de garder les deux... car je sais bien que je ne pourrai jamais me séparer de Marie-Thérèse...

« Ah ! c'est affreux à dire, je crois même que si elle me trompait, je lui pardonnerais...

« Après tout, ma chère Marquita, je ne sais pas pourquoi je vous ai raconté tout cela...

« Je m'en souviens, à présent : c'était pour vous dire de prendre garde à l'amour... Maintenant, j'en suis sûr, vous devez vous dire que j'ai raison.

— Mon ami, reprenait la jolie danseuse, je vous plains de toute mon âme et je vous demande pardon d'avoir provoqué par mes pleurnicheries stupides des confidences qui ont dû vous faire beaucoup de peine.

— Détrompez-vous, Marquita, s'empressait de déclarer Jacques, cela, au contraire, a produit en moi une détente qui n'est pas encore de l'apaisement, mais qui est déjà un amoindrissement à ma souffrance. Lorsque je vous parlais, il me semblait que c'était une sœur qui m'écoutait. Il serait bon, je crois, pour nous, de ne pas avoir de secrets l'un pour l'autre... Voulez-vous que nous convenions que, désormais, nous nous dirons toujours la vérité, toute la vérité ?...

Une flamme subite s'alluma dans le regard de la bohémienne blonde... mais elle s'éteignit aussitôt... et avec un sourire mélancolique, elle fit :

— Toute la vérité, c'est impossible...

— Pourquoi ? interrogeait le jeune artiste.

Gravement, Marquita répliquait :

— Parce que, ainsi que me le disait la vieille Tiria, il était parfois plus difficile de voir en soi que dans les autres.

Jacques s'écria :

— Nous échangerons nos miroirs... c'est-à-dire nos âmes.

Marquita se tut... On frappait à la porte de sa loge...

C'était le reporter d'un grand journal d'information qui venait interviewer la nouvelle vedette.

Guervé le connaissait... Il s'appelait Octave Léris... c'était un garçon très correct... et connaissant parfaitement bien son métier.

Après s'être incliné devant la triomphatrice de la soirée, il tendait la main à Guervé, tout en disant :

— Il paraît, cher ami, que c'est vous qui avez découvert notre nouvelle étoile.

— Mais oui, répliquait le jeune dessinateur.

— Serait-il indiscret de vous demander dans quelles circonstances ?

Guervé répliquait :

— Seule, M⁰ Marquita peut vous répondre.

Tout de suite, l'ex-Mitza demandait à son bienfaiteur :

— Vous ne voyez pas d'inconvénient à ce que je dise exactement à monsieur le journaliste comment cela s'est passé ?

— Mais non, Marquita, votre aventure est trop savoureuse pour ne pas entièrement la raconter... et je suis sûr, lorsque le grand public, celui qui va devenir le vôtre, apprendra votre véritable histoire, il sera attendri et charmé.

Très simplement, Marquita fit à Octave Léris le récit de sa vie.

A l'impression qu'elle parut produire sur le reporter, pourtant déjà très blasé et peu émotif, Jacques comprit qu'il ne s'était pas trompé, en pensant que ce véritable conte de fées concilierait à celle qui en était l'héroïne toutes les sympathies de la foule.

Enchanté à la pensée du « papier » épatant qu'il allait réaliser, Octave Léris remercia vivement la jolie danseuse et prit congé d'elle.

Lorsqu'il fut parti, Jacques lui dit :

— Il faut que, moi aussi, je m'en aille.

— Quand vous reverrai-je ? demanda Marquita.

— Demain... Attendez un peu... Ma femme s'en va, en auto, passer toute la journée chez des amis auprès de Fontainebleau. Voulez-vous que nous déjeunions tous les deux en camarades ?

— Oh ! oui, je veux bien...

— J'irai vous prendre à votre hôtel.

— Entendu.

Et regardant Marquita devenue toute radieuse, il s'écria :

— A la bonne heure ! j'aime mieux vous

voir ainsi. Vous permettez que je vous embrasse ?

Il n'attendit pas qu'elle lui répondît, et posa ses lèvres sur son front.

Puis il fit presque gaiement :

— Bonsoir, petite sœur... A demain.

— Oui, à demain !

Lorsque la porte se fut refermée sur lui, Marquita, dont le visage s'était rembruni, murmura :

— Petite sœur ! Petite sœur !... Ah ! comme il a eu raison de me dire : « Prenez garde à l'amour !... » Mais je crois que c'est trop tard !... Hélas ! oh ! oui, trop tard !...

Et deux grosses larmes coulèrent sur ses joues.

V

TENTATION

Il y avait foule, ce jour-là, dans le délicieux cottage que possédaient M. et Mme Darmel à Samois, sur les bords de la Seine, un peu avant d'arriver au pont de Valvins.

Les Darmel étaient, en effet, très riches et très lancés. Lui, avait fait une rapide fortune dans la métallurgie, et elle, un ancien mannequin, ne lui avait apporté en dot que sa beauté d'ailleurs éclatante. Elle avait réussi tout de suite, grâce à l'intelligence et au tact naturel dont elle était douée, à s'élever à la hauteur de la situation... et elle était devenue l'une des femmes les plus en vue de Paris.

A Paris, les réceptions hivernales qu'elle donnait dans son hôtel de la rue de Montchanin, étaient extrêmement courues...

Elle savait, avec une adresse remarquable, attirer chez elle les vedettes du moment... et notamment les artistes américains de cinéma, qui éprouvent le besoin de s'exhiber dans notre capitale, et de se faire consacrer dans une ville qui, malgré tout ce que peuvent en dire tous ceux qui la jalousent et la calomnient, est tout de même restée la vraie capitale du monde.

Ce jour-là, un beau jour d'octobre, où les feuilles dorées des arbres attendent en frémissant sous une brise légère le coup de vent mortel qui doit les balayer vers le sol, ce n'étaient ni Gloria Swanson, ni Douglas Fairbanks, ni Mary Pickford, ni Adolphe Menjou, ni même le génial Charlot que les Darmel allaient offrir en liberté à leurs amis. C'était beaucoup mieux.

Prêtons une oreille indiscrète aux propos qu'échangent , dans le vaste hall qui occupe presque entièrement le rez-de-chaussée de la maison, et dont les deux larges baies qui l'éclairent, donnent sur une pelouse verte et même fleurie...

Mais, pour éviter de nous embrouiller au milieu des répliques qui partaient de tous côtés, approchons-nous d'un couple qui s'est quelque peu retiré à l'écart et qui est composé de deux personnages que nous connaissons déjà, c'est-à-dire de Marie-Thérèse Guervé et du poète roumain Stani Politesco.

— Vous croyez qu'il va venir ? interrogeait la jeune femme.

— J'en suir sûr, car s'il avait dû s'abstenir, il est trop bien élevé pour ne pas s'être excusé.

— Est-ce qu'il est aussi bien qu'on le prétend ? interrogeait Marie-Thérèse.

— Comment ! s'exclamait le Roumain, vous ne le connaissez pas ?

— Si, je l'ai vu deux ou trois fois au *Tennis-Club*, mais je vous avouerai que je n'y ai pas prêté une grande attention.

— C'est extraordinaire... Il n'y a pas une femme à Paris... même en province, ainsi qu'à l'étranger, qui n'ait été plus ou moins amoureuse de lui.

— A ce moment, j'étais encore une jeune fille.

— Précisément, c'est parmi les jeunes filles qu'il a commis le plus de ravages.

— Eh bien, moi, il m'a laissée parfaitement indifférente.

— Affaire de goût, de tempérament.

— Stani, vous allez devenir insolent.

— Excusez-moi, mais vous me faites tellement enrager...

— Avec quoi, donc ?

— Avec vos principes.

— Quels principes ?

— Le devoir, l'honneur, la fidélité conjugale...

— Pourquoi voulez-vous donc que je trompe mon mari ?

— Parce que, si c'était avec moi, cela me ferait infiniment plaisir...

— Vous êtes idiot...

— Je vous remercie.

— Je vous ai dit qu'en me faisant la cour, vous perdriez votre temps... Je ne demande qu'à être pour vous une bonne camarade,

car je reconnais volontiers que vous êtes un très agréable compagnon.

« Alors, pourquoi gâter tout cela par un tas de choses qui n'ont rien de bien drôle par elles-mêmes... et surtout par des complications qui risquent fort de provoquer un drame ?

« Or, le drame, je le déteste déjà au théâtre ; à plus forte raison, je ne pourrais le supporter dans l'existence.

« Et puis, pourquoi risquerais-je uniquement pour vous être agréable, car moi je me moque éperdument de toutes ces bêtises auxquelles vous attachez tant d'importance.

« Oui, pourquoi voudriez-vous que j'empoisonnasse l'existence d'un homme qui m'aime plus que vous ou que n'importe qui ne saurait m'aimer et qui m'en donne une preuve si manifeste en me laissant faire tout ce que je veux ?

— Son attitude à votre égard semblerait plutôt indiquer que vous lui êtes totalement indifférente... Moi, si j'étais votre mari, je serais atrocement jaloux.

— Ce serait gai ! Mais c'est une éventualité que je n'ai pas à craindre... Parlez-moi plutôt de notre don Juan national.

— Vous y tenez ?

— Pas outre mesure ; mais pendant que vous me narrerez sa biographie, vous ne direz pas de bêtises.

Politesco ne put réprimer un mouvement de dépit... Mais il était tenace, et comme il n'avait pas renoncé à conquérir la belle Marie-Thérèse, et qu'à aucun prix il ne voulait la contrarier, il reprit :

— Je vais vous donner satisfaction, chère amie, et me transformer, pour vous être agréable, en dictionnaire des hommes illustres.

— A la bonne heure !

— Le beau Willy Zermatt est né à... je l'ignore... en l'année... je l'ignore aussi... mais j'estime qu'il doit être âgé d'une trentaine d'années environ. Il a été lancé par le président du *West-Club*, le baron Mirador, aujourd'hui décédé... et il n'a pas tardé, ainsi que je vous l'ai dit tout à l'heure, à exercer sur les cœurs de l'élément féminin les plus incontestables ravages...

« Marié d'abord à la fille du banquier Navarrens, il a divorcé à peine au bout de deux ans de ménage...

Il a ensuite épousé une certaine demoiselle de Calabert, qui lui a apporté en dot une somme considérable... On parle de plus de soixante millions...

— Et il a encore divorcé, naturellement... scandait Marie-Thérèse.

— Pas du tout, mais il lui est arrivé une histoire absolument abracadabrante.

« Il y a quelques mois, le comte et la comtesse Zermatt ont été victimes tous les deux d'un accident d'automobile...

« Lui a été grièvement blessé... Il est resté pendant plusieurs semaines dans une clinique entre la vie et la mort... Enfin, il s'en est sorti et aujourd'hui, ainsi que vous allez pouvoir le constater vous-même, il ne se ressent nullement de ce télescopage qui a failli lui coûter la vie.

— Et sa femme ? interrogeait Mme Guervé.

— Voilà où les choses deviennent tout à fait curieuses, répliqua Stani Politesco.

« Après être restée évanouie pendant près de sept heures, cette malheureuse est revenue à elle... mais malgré tous les soins dont elle a été entourée et qui l'ont peu à peu, lentement, difficilement, ramenée à la vie, elle a entièrement perdu la mémoire... et pour elle, phénomène rare, mais non unique dans les annales de la médecine, la vie ne commence que du jour où, pour la première fois depuis son accident, elle a rouvert les yeux.

« Elle n'a reconnu personne, pas même son mari... Non seulement elle ne sait plus lire, ni écrire, mais elle ne s'exprime que par petits cris, telle une enfant qui n'a pas encore acquis l'usage de la parole.

— Et qu'a-t-on fait de cette malheureuse ?

— Le comte Zermatt l'a fait transporter dans une maison de santé qui est située en pleine campagne, sur les bords du Loing, aux environs de Moret...

« Il a loué, et même acheté, dit-on, à Bourron, près de Fontainebleau, une magnifique propriété, afin d'être plus près d'elle.

« Il paraît qu'il va la voir tous les jours.

— Il l'aime donc ? interrogeait Mme Guervé, que cette histoire semblait intéresser.

— Je ne le crois pas, car un professionnel de la séduction tel que le comte Zermatt ne peut s'attacher vraiment à aucune femme.

— Qu'en savez-vous ? s'écriait la jeune femme.

— Ces gens-là n'ont que des sens, mais pas d'âme.

— C'est possible, admettait Marie-Thérèse... Cependant, on en a vu se prendre à leurs propres pièges... et souffrir à leur tour plus intensément qu'ils n'avaient fait souffrir les autres.

— On voit ça surtout dans les romans.

— Et aussi dans la vie.

— Après tout, c'est possible, reconnaissait le Roumain.

Et galamment, il ajouta :

— Je suis sûr que si vous vouliez vous en donner la peine, vous seriez tout à fait capable de faire faire « camarade » à ce grand triomphateur.

— Voici les bêtises qui vont recommencer, coupait net la jeune femme.

Et tout de suite, désireuse de ne pas laisser la conversation s'égarer sur un terrain qui lui était désagréable, elle fit :

— Dites-moi, Stani, étiez-vous hier soir à la première de la revue du *Mouling-Rouge* ?

— Septième fauteuil, troisième rang.

— Vous êtes stupide !

— Et vous, aujourd'hui, terrible avec moi !

— Je ne le serai jamais assez ! Mais là n'est pas la question...

« Hier soir, mon mari est rentré enthousiasmé du succès qu'avait remporté une certaine danseuse bohémienne nommée Marquita.

— C'est exact... reconnaissait le Roumain, elle nous a présenté un numéro tellement savoureux, pittoresque et original, qu'elle a emballé la salle à un point qu'au tableau suivant Nono Manette faisait une tête épouvantable et qu'elle a chanté son final avec une mauvaise humeur qu'elle a failli faire partager au public.

— C'est bizarre ! fit Marie-Thérèse, dont le sourire s'était subitement figé.

Politesco fut sur le point de s'écrier : « Seriez-vous jalouse ? » Mais il se contint, tant il redoutait de se faire rabrouer et d'achever de perdre le peu de chemin qu'il avait fait dans les bonnes grâces de celle dont il était fortement épris.

Mme Guervé reprenait :

— Vous saviez que mon mari s'intéressait à cette petite ?

— C'est-à-dire que, ripostait le Roumain, d'un air embarrassé, j'avais entendu raconter...

— Qu'elle était sa maîtresse ? coupa vivement la jeune femme.

— Je n'ai pas dit cela.

— Non, mais vous le pensez.

Et Mme Guervé poursuivit avec animation :

— Eh bien, mon cher, lorsqu'on répétera devant vous ce potin ridicule, si vous tenez à m'être agréable...

— Si j'y tiens !...

— Vous n'aurez qu'à répondre que c'est absolument faux... que mon mari a rencontré, au hasard d'une excursion, cette jeune fille que des bohémiens avaient dû voler quand elle était toute petite, car elle n'a rien de leur race, ni de leurs sentiments, qu'il a tout de suite deviné en elle une véritable artiste, qu'il l'a présentée au directeur du Moulin-Rouge, et un point c'est tout.

« Je tiens à ce qu'il soit bien établi une fois pour toutes que, si je n'ai pas d'autre amant que mon mari, celui-ci n'a pas d'autre maîtresse que sa femme.

A peine avait-elle prononcé ces mots, assez hauts pour qu'ils fussent entendus par un groupe voisin, au milieu duquel pérorait le journaliste Albert Thury, que l'on avait à juste titre surnommé le « Potin de Paris et des départements », qu'un valet de chambre annonçait solennellement :

— M. le comte Willy Zermatt.

Toutes les conversations s'arrêtèrent instantanément et tous les yeux se braquèrent sur le nouvel arrivant.

Vêtu avec une sobre élégance, qui achevait de rendre incomparable son chic naturel, le visiteur s'avançait vers la maîtresse de la maison et lui adressait quelques compliments pleins d'amabilité déférente.

Après avoir serré la main de M. Darmel, il se tourna vers l'assistance et lui adressa un salut d'une telle allure, qu'il suffisait à prouver qu'il était un vrai gentleman.

— Comment le trouvez-vous ? glissait non sans une certaine inquiétude Stani Politesco à l'oreille de Marie-Thérèse.

Celle-ci lui répondit, d'un ton agacé :

— Pas mal !

En réalité, elle avait été instantanément subjuguée.

Jamais encore il ne lui était arrivé de se trouver en présence d'un homme qui réalisait mieux l'image de celui dont, lorsqu'elle était jeune fille, elle désirait être aimée.

Ce visage aux traits fins et réguliers, cette tournure pleine de distinction, et ces yeux, ces yeux de velours qui, lorsqu'ils s'étaient un instant posés sur elle, avaient paru la frôler comme une caresse... tout contribuait à lui donner l'illusion que celui qu'elle avait si vainement attendu, se présentait enfin à elle !

Un frisson inconnu parcourut sa chair...

Son trouble allait grandir encore. Mme Darmel, en effet, s'approchait d'elle avec le beau Willy.

— Ma chère Marie-Thérèse, disait-elle, le comte Zermatt vient de me demander, en parlant de vous, quelle était cette charmante femme qu'il n'avait pas l'honneur de connaître.

« Voulez-vous me permettre de lui répondre ?

— Très volontiers, chère amie.

— Eh bien, fit la maîtresse de maison en se tournant vers son hôte... c'est Mme Guervé.

— La femme du peintre ? fit aussitôt le bellâtre.

— Oui.

— Alors, fit le comte Zermatt, de sa voix bien timbrée et naturellement harmonieuse, je suis deux fois ravi, madame, de vous présenter mes hommages, d'abord parce qu'ils s'adressent à une beauté radieuse entre toutes, à un charme auquel on ne résiste pas, puis, parce que j'éprouve en même temps le plus vif plaisir à vous dire, madame, combien j'admire le talent de votre mari.

« C'est déjà un maître, et un très grand maître, dont le génie si lumineux nous transporte, comme par la baguette magique d'un enchanteur, loin des laideurs moroses que l'on voudrait imposer à notre goût.

Cette salve de compliments, que le beau Willy venait de lui tirer à bout portant, acheva de déconcerter Marie-Thérèse...

Elle ne put que balbutier les paroles banales usuelles :

— Monsieur, je suis infiniment flattée...

Mais se sentant visée, observée, elle se ressaisit et reprit, avec un peu plus d'aplomb :

— Je ne mérite pas, monsieur, vos si grands éloges, mais je suis très heureuse que vous appréciez le talent de mon mari...

Tandis que Mme Darmel s'éloignait, le comte Zermatt reprenait :

— N'aurai-je pas le plaisir de rencontrer aujourd'hui M. Jacques Guervé?

— Malheureusement non... il a en ce moment un travail fou.

— Je comprends qu'on se l'arrache !...

« Veuillez, madame, lui dire combien je serais heureux de lui exprimer de vive voix toute ma sympathique et sincère admiration.

— Il y sera très sensible, et soyez persuadé qu'il sera, lui aussi, enchanté de vous connaître.

Mais M. Darmel intervenait, et après s'être excusé auprès de Marie-Thérèse de lui enlever son ami Zermatt, il l'emmenait auprès d'un groupe de jeunes gens qui, tout de suite, formèrent autour de lui un véritable cercle...

On eût dit un souverain recevant les hommages de ses sujets... tant était grand l'ascendant que le comte Zermatt exerçait sur quiconque le rencontrait une première fois.

Marie-Thérèse, lâchant Stani Politesco, qui n'osa pas s'attacher à ses pas, rejoignit Mme Darmel.

Celle-ci, enchantée du succès de cette grande vedette mondaine qu'était le beau Willy, triomphait au milieu d'un groupe d'amis qui s'apitoyaient, non point sur la comtesse Zermatt, dont le triste sort leur importait peu, mais sur son pauvre mari, condamné à l'isolement... et à la tristesse perpétuelle.

— Ce qu'il y a de terrible, déclarait Mme Wansberg, beauté brune, aux yeux ardents, au teint mat, et qui aimait à se donner de faux airs de gitane, c'est qu'il ne peut pas refaire sa vie...

— Comment cela? interrogeait la très jolie petite Marjel Normus, femme d'un grand bijoutier qui venait de transporter sa boutique de la rue de la Paix au rez-de-chaussée d'un nouvel immeuble des Champs-Elysées.

Mme Darmel expliquait :

— Le comte Zermatt n'est pas homme à abandonner une femme qui, paraît-il, l'adorait... et quand bien même le voudrait-il, il ne le pourrait pas... La loi, en effet, n'admet pas que la folie de l'un des deux conjoints soit un cas de divorce.

— J'ignorais ce détail, ponctuait Mme Wansberg.

— Moi, s'indignait Mme Normus, je trouve cela ridicule... odieux... abominable.

« Après tout, en admettant que la comtesse Zermatt ait aimé son mari, puisqu'elle ne le reconnaît pas, qu'est-ce que cela pourrait lui faire qu'il en épousât une autre?

— Si elle revenait à la raison !... objectait Mme Darmel...

— Ma foi, tant pis ! posait Mme Wansberg.

— Après tout, émettait Mme Normus, il n'a qu'à prendre une maîtresse.

— Ce doit être déjà fait, lançait Mme Charclat, présidente d'un groupe féministe qui, non content de réclamer le vote des femmes, — ce qui est normal, — demandait à ce que les hommes qui étaient pris en flagrant délit d'adultère fussent privés de leurs droits civils, ce qui est évidemment exagéré.

— Je crois que vous vous trompez, ma chère, lançait d'un ton aigre-doux Mme Darmel... Le comte Zermatt adore sa femme... et les soins touchants qu'il lui prodigue sont bien faits pour prouver à tous qu'il ne pense qu'à elle.

— Après tout, il lui doit bien cela... s'écriait Mᵐᵉ Hartigot, la grande couturière du faubourg Saint-Honoré, qui, sous prétexte d'une franchise dont elle prétendait ne pouvoir se départir, ne cessait de répandre à droite et à gauche le répertoire sans cesse renouvelé de ses inépuisables rosseries.

— Qu'a-t-elle donc fait de si extraordinaire pour lui ? questionnait Mᵐᵉ Guervé, qui écoutait tous ces propos avec un intérêt dont elle était toute surprise.

Mᵐᵉ Hartigot la toisa d'un air d'autant plus ironique et dédaigneux, que Marie-Thérèse n'était pas sa cliente... puis elle fit :

— On voit bien, madame, que vous n'êtes pas Parisienne.

— Moi ! protestait la jeune femme ; mais, madame, je suis née à Paris, rue Tronchet, j'y ai toujours vécu, je m'y suis mariée et, en dehors des déplacements indispensables, je compte y finir mes jours... et le plus tard possible.

— Alors, s'étonnait la grande couturière, comment se fait-il que vous n'ayez pas entendu parler du drame qui a bouleversé Paris il y a environ un an ?

Marie-Thérèse allait répliquer, mais Mᵐᵉ Darmel s'empressait de déclarer :

— Ma jeune amie venait de se marier et filait un trop parfait amour pour qu'elle eût le moindre souci de tout le reste.

Et elle ajouta :

— Au fait, je m'aperçois que je ne vous ai pas présentées : Mᵐᵉ Guervé, la femme du dessinateur bien connu... Mᵐᵉ Hartigot, la grande couturière...

— Je connais madame, déclarait aussitôt Marie-Thérèse, avec son plus aimable sourire, mais de réputation seulement... N'est-elle pas une de nos gloires parisiennes ?...

La couturière, qui était extrêmement sensible aux éloges, parut satisfaite de celui que lui adressait sa charmante interlocutrice.

Abandonnant ses allures d'impératrice, elle répliqua, avec plus de condescendance que d'amabilité :

— J'ai vu ce que fait votre mari... c'est très gentil...

Mais, incapable de retenir un mot rosse lorsqu'il lui venait à l'esprit, elle ajouta :

— La différence qu'il y a entre lui et moi, c'est que, moi, j'habille les femmes, et que lui les déshabille.

Marie-Thérèse, du tac au tac, répliquait :

— Il en est, madame, à qui vous devez rendre un fier service.

Cette réplique provoqua quelques sourires... Mais loin de paraître offenser Mᵐᵉ Hartigot, on eût dit, au contraire, qu'elle lui rendait sympathique celle qui l'avait proférée.

Et se retournant vers Mᵐᵉ Darmel, elle fit :

— Elle est charmante, cette petite... C'est une vraie Parisienne !

A ce compliment, d'autant moins banal qu'il lui venait d'une personnalité dont l'indulgence n'était pas la qualité principale, la femme de l'artiste rougit de plaisir et elle se promit bien de s'en aller, dès le lendemain, commander à cette souveraine de l'élégance une robe sensationnelle.

Mᵐᵉ Darmel disait à Mᵐᵉ Hartigot, en lui désignant Marie-Thérèse :

— Racontez donc à cette chère enfant

l'histoire du second mariage de Willy Zermatt... Vous voyez bien qu'elle meurt d'envie de la connaître.

Tandis qu'elle s'éloignait avec Mmes Wansberg, Normus et Charlet, la grande couturière, désignant un canapé à Mme Guervé, lui disait, avec une amabilité dont elle était peu prodigue et qui montrait que la femme du dessinateur venait d'emblée de faire sa conquête :

— Asseyons-nous, ma petite. Je vais combler la lacune de vos connaissances historiques.

Enchantée de l'aubaine, Marie-Thérèse, dont la curiosité était d'autant plus vivement excitée que le comte Willy Zermatt avait produit sur elle une impression de trouble contre laquelle il lui avait été impossible de se défendre, s'installa auprès de la grande couturière, qui reprit :

— Etes-vous bien au courant du pedigree de ce beau garçon ?

— J'ai entendu dire qu'il s'était marié deux fois.

— C'est exact, déclarait Mme Hartigot.

— Je sais également qu'il a été lancé par le baron Mirador et qu'on lui impute un certain nombre de conquêtes.

— Ce n'est pas pour rien, en effet, que ses amis l'avaient surnommé le don Juan des grands bars.

« Mais tout cela, c'est de la préhistoire, comme celle de son premier mariage, qui a pu, un moment, offrir un certain intérêt, mais est aujourd'hui complètement oublié.

« Occupons-nous donc, aujourd'hui, uniquement du second. En deux mots, voici :

« Il y a un peu plus d'un an, le beau Willy, notre Willy, ainsi que l'appellent tous ceux qui l'admirent assez fanatiquement pour copier servilement sa tenue, sa façon de parler et ses manières, notre Willy, donc, à la suite d'une grosse maladie, se trouvait en villégiature sur les bords de la Loire lorsqu'il fit la connaissance de châtelains du voisinage, M. et Mme de Calabert, ainsi que de leur fille Gisèle.

« Instantanément, il inspira à la mère et à la fille, non pas un de ces béguins passagers qui ne laissent en vous nulle trace... même légère, mais une de ces passions auxquelles rien ne résiste.

« Sur ces entrefaites, M. de Calabert, nouveau riche et nouveau noble qui, après avoir gagné une fortune considérable pendant la guerre, avait jugé utile de se faire octroyer par le pape, avec une bénédiction apostolique, un titre de comte qui lui allait, paraît-il, comme une robe de bal à un sergent de ville, mourut subitement à la suite de l'un de ces copieux repas dont il avait conservé l'habitude.

« Ce n'était que le premier épisode d'un drame qui, ainsi que vous allez le voir, va se corser d'une tragique façon.

« Notre Willy, mis en demeure, dit-on, de choisir entre la mère et la fille, choisit la fille, ce qui était normal.

« En effet, si Mme de Calabert avait conservé une beauté incontestable, Gisèle représentait la jeunesse, la grâce et le charme... Je l'ai habillée... C'était une femme tout à fait dans votre genre... très fine... très naturellement élégante.

— Madame, je suis confuse !... murmurait Marie-Thérèse.

— Si je vous le dis, c'est que je le pense, affirmait Mme Hartigot... Je suis incapable de faire un compliment qui ne soit pas rigoureusement sincère.

— Je suis extrêmement flattée.

— Voyons, où 'en étions-nous ? Ah ! j'y suis. Je vous disais que Mlle de Calabert avait sur sa mère les avantages de la jeunesse... et en plus une fortune de soixante millions... qui acheva d'assurer sa victoire... Willy se déclara donc pour elle...

« Alors, furieuse, la comtesse quitta le château et revint à Paris... et, lorsqu'un soir notre Willy rentrait à son hôtel, elle lui tira un coup de revolver en pleine poitrine et se logea ensuite une balle dans la tête.

« Elle mourut sur le coup... Zermatt, qui l'avait échappé belle, se rétablit assez promptement...

« Beaucoup pensèrent qu'après ce scandale, 'son projet de mariage avec Gisèle serait abandonné. Mais ce fut, paraît-il, Mlle de Calabert qui exigea que cette union s'accomplît dans la plus stricte intimité, en même temps que dans le plus bref délai.

« Six mois après, Willy et sa femme étaient victimes d'un terrible accident d'automobile... dont vous connaissez les suites...

— Oui, madame.

— Et voilà ! Maintenant, vous êtes à la page...

« Quant à penser, ainsi que cette chère Mme Darmel, que notre Willy est inconsolable... Cela, non !...

« Il ne divorcera pas, d'abord parce que cela lui est impossible, et quand bien même en aurait-il la faculté, il ne le ferait pas... Une femme qui vous apporte soixante millions de dot, cela ne se rencontre pas tous les jours sous un pneu-ballon.

« Mais quant à demeurer fidèle à celle dont l'état mental l'empêche de lui en savoir gré, je n'en crois rien...

« Il se peut même très bien qu'il ait déjà une amie ; mais comme il est d'une éducation parfaite, il se gardera bien d'étaler une liaison qui 'pourrait lui valoir certaines désapprobations qu'il doit tenir à éviter... et j'ai la certitude que celle sur laquelle il fixera son choix ne sera nullement compromise et qu'elle n'aura rien à regretter.

Elle se tut... Marie-Thérèse, elle aussi, garda le silence... Son regard s'était dirigé vers celui dont Mme Hartigot lui parlait...

Le comte Zermatt, qui avait réussi à rompre le cercle des jeunes 'snobs qui cherchaient à l'accaparer, était maintenant en butte aux œillades assassines et aux propos langoureux d'un quatuor de pigeonnes roucoulantes qui semblaient lui adresser en même temps, sous la forme de déclarations plus ou moins déguisées, leurs offres de prochains et parfaits services.

— Comme ces femmes doivent l'ennuyer ! fit tout à coup la grande couturière, avec un étrange sourire...

— Le fait est, déclarait Marie-Thérèse, qu'il n'y en a pas une qui soit vraiment jolie.

— Dites qu'elles sont laides à faire peur...

Et brusquement, tout en posant sa main sur le bras nu et délicieusement dessiné de sa voisine, Mme Hartigot fit :

— Il me fait pitié... J'ai envie de voler à

son secours... Mais je n'ai qu'un moyen... c'est d'aller le chercher... Cela ne vous ennuie pas ?

— Mais pas du tout, madame.

Mme Hartigot se leva et s'en fut vers le comte Zermatt.

Sans doute, la grande couturière et le don Juan des grands bars devaient-ils se connaître plus qu'on ne pouvait le penser... oh ! en tout bien tout honneur, certes ! car je m'aperçois que j'ai oublié de vous dire que Mme Hartigot avait depuis longtemps défrisé la quarantaine et que ses allures de dragon, sinon de vertu mais d'autorité, eussent suffi pour mettre en déroute un régiment d'amoureux.

Un simple clignement d'œil qu'elle adressa au beau Willy suffit pour que celui-ci, au grand désappointement des quatre pigeonnes qui l'entouraient, se détachât d'elles, et s'en vînt trouver l'impératrice de la mode.

— Vous avez à me parler, chère amie ? demandait Zermatt.

— Deux mots seulement... répliquait Mme Hartigot à son oreille.

Et elle lui murmura à l'oreille :

— Je crois que j'ai trouvé la petite femme qui vous convient... Mariée, forcément discrète... Jolie comme un amour et pas sotte du tout...

— Où est-elle ?

— Là-bas, sur le canapé... Elle baisse pudiquement les yeux... mais je suis sûre que son cœur bat déjà pour vous...

D'un regard rapide, le don Juan des grands bars l'examinait en connaisseur.

— Mais elle est très bien, cette petite... Tout à l'heure, déjà, lorsque Mme Darmel

m'a présenté à elle, je l'ai trouvée charmante.

« C'est la femme du dessinateur Guervé, qui cherche, en ce moment, à lancer une bohémienne d'opéra-comique, qui doit être sa maîtresse.

— On le dit... appuya la grande couturière... mais je vois que vous êtes suffisamment renseigné... A vous, si cela vous convient, de faire le reste.

Et flanquée du comte Zermatt, elle s'en fut rejoindre Marie-Thérèse, qui, toujours assise sur son canapé, feignait de regarder d'un côté opposé.

Mme Hartigot attaquait, de sa voix métallique que lui eussent enviée plus d'un baryton de sous-préfecture :

— Je ne vous présente pas l'un à l'autre, puisque cela a déjà été fait...

Mme Guervé leva la tête et adressa un charmant sourire au beau Willy, qui la contemplait d'un regard brillant comme un miroir à alouettes.

Afin d'achever de le mettre à l'aise, la grande couturière reprenait :

— Vous êtes tout à fait gentille, chère madame, de m'avoir aidée à arracher notre Willy à cette escouade de dindes qui feraient mieux d'aller chercher ailleurs un caporal...

« Oh ! tenez, que c'est drôle !... regardez-les donc !

Les quatre flirteuses venaient, en effet, de se précipiter sur Stani Politesco au moment juste où celui-ci, afin de déjouer la manœuvre combinée par la grande couturière et de devancer celui en qui, non sans raison, il pressentait un rival dangereux entre tous, s'approchait discrètement de Mme Guervé.

S'enhardissant, et désireuse d'affirmer immédiatement sa suprématie sur les quatre dindes auxquelles Willy venait d'échapper, Marie-Thérèse s'écria :

— Faute de coqs, on mange des merles.

La femme dragon rit bruyamment — ce qui ne lui arrivait que dans les circonstances importantes — et le comte Zermatt, décidé à se mettre en frais, fit, en s'adressant à Marie-Thérèse :

— Vous connaissez, madame, la fable de La Fontaine : *Le coq et la perle ?*

Amusée et ne sachant trop où il voulait en venir, la jeune femme se mit à déclamer :

> Un jour, un coq détourna
> Une perle qu'il donna
> Au beau premier lapidaire...

Elle s'arrêta... se demandant ce que signifiait cette plaisanterie.

— Peut-être avez-vous oublié la suite ? interrogeait le don Juan des grands bars.

— Pas du tout.

— Alors, voulez-vous être assez aimable pour continuer.

Le beau Willy parlait d'une voix si chaude, si enveloppante, que la jeune femme se sentit incapable de lui résister.

Sans la moindre hésitation, elle reprit :

> Je la crois fine, dit-il.
> Mais le moindre grain de mil
> Ferait bien mieux mon affaire.

— Je vous remercie, madame.

— Alors, c'est tout ?

— Oui, c'est tout ! Et si je vous ai demandé de me remettre en mémoire ce bref et charmant apologue, c'est afin de vous dire que je ne suis pas du tout de l'avis du coq de La Fontaine et que, si je rencontrais sur mon chemin une perle, au lieu de la porter « au beau premier lapidaire », je la garderais précieusement pour moi.

— Pourquoi me dites-vous cela, monsieur ? questionnait Marie-Thérèse, qui avait très bien compris le sens caché du madrigal que venait de lui adresser l'invincible conquérant.

Celui-ci ne se faisait nullement prier pour répondre :

— Parce que j'ai l'impression, en vous regardant, que je viens de rencontrer une perle plus claire que la rosée, plus belle que celles de tout l'Orient, une perle française montée à la parisienne par le plus artiste des joailliers.

Tandis qu'il parlait, Mme Hartigot s'était discrètement éclipsée et se dirigeait vers le buffet somptueusement garni, que l'on avait dressé dans la salle à manger même.

Après un tel effort, elle méritait vraiment de se restaurer copieusement.

Eblouie par l'adroite déclaration que venait de lui adresser le séducteur professionnel qu'était le beau Willy, et, de plus en plus désireuse de ne point paraître sotte aux yeux de cette grande vedette mondaine dont, parmi tant d'autres, elle avait réussi à fixer l'attention, Marie-Thérèse répliquait :

— Puisque perle il y a, et puisque perle je suis, permettez-moi, monsieur, de vous prévenir que je dois réintégrer chaque soir l'écrin doublé de satin qu'est mon foyer.

Willy observait :

— Ce qui ne vous empêche pas de vous en évader dans la journée.

« Mais je vous ennuie peut-être ?

— Pas du tout...

— Je puis rester ?

— Et même vous asseoir.

— Près de vous ?

— Les autres sièges sont trop loin... nous serions obligés de parler par signes.

Profitant de l'autorisation, Willy s'installait auprès de Mme Guervé.

— Il y a longtemps, demanda-t-il, que vous connaissez cette bonne Mme Hartigot ?

— D'aujourd'hui seulement.

— A vous voir, on aurait dit que vous étiez de grandes amies.

— Pas du tout... c'est Mme Darmel qui, tout à l'heure, nous a présentées.

— Décidément, madame, vous êtes comme le fils de Jupiter dont parle le poète dans ce vers célèbre :

Aux accords d'Amphion, les pierres se mouvaient !

Et il poursuivit de ce ton aimablement enjoué, sans emphase et pleine de déférente familiarité qu'emploient les séducteurs professionnels qui veulent attirer dans leurs bras la proie qu'ils convoitent.

— La mère Asticot... c'est le surnom que le personnel de sa maison lui a donné, et que beaucoup de ses amis ont pris la malheureuse habitude d'employer en parlant d'elle. Pardonnez-moi... je ne recommencerai plus cette plaisanterie d'un goût plus que douteux et même profondément vulgaire.

« Donc, Mme Hartigot est la femme la plus difficile et la plus méfiante qui existe, quant au choix de ses relations...

« Je sais de ses clientes, et non des moindres, qui ont attendu des années avant de l'entendre leur adresser un mot aimable.

« Pour qu'elle se soit montrée aussi gracieuse à votre égard, et qu'elle m'ait fait de vous un bref mais sensationnel éloge, il faut que vous soyez douée d'un véritable pouvoir d'enchanteresse.

Et, d'une voix dont il semblait vouloir atténuer les vibrations un peu trop indiscrètes, il reprit :

— D'ailleurs, je m'en aperçois moi-même, puisque je sens déjà que tout à l'heure, quand je devrai vous quitter, cela me sera, je n'ose pas encore dire pénible, mais très désagréable, car je me dirai : quand, maintenant, pourrai-je la rencontrer ?

Avec adresse, Marie-Thérèse répliquait :

— Tout à l'heure, monsieur, ne m'avez-vous pas dit que vous seriez heureuse de connaître mon mari ?

« Oh ! oh ! attention ! se dit le don Juan des grands bars, c'est une fine mouche... Tant mieux ! c'est beaucoup plus amusant que si elle se donnait tout de suite. »

Et, tout haut, il reprit :

— Certainement ! J'admire beaucoup son talent... Il a apporté au music-hall une note d'art inconnue jusqu'alors... Et ses affiches sont un véritable enchantement des yeux.

— Je ne voudrais pas avoir l'air de lui faire de la réclame, mais, cependant, je vous engage vivement à aller voir la dernière revue du Moulin-Rouge... Je dois avouer qu'il s'est surpassé.

— Hélas ! madame, je sors très peu, surtout le soir, soupirait Zermatt, dont le visage s'assombrit d'une teinte de mélancolie.

— Excusez-moi, j'avais oublié que...

— On vous a raconté l'immense malheur qui m'était arrivé ?

— Oui, Mme Darmel m'a dit...

— C'est horrible, n'est-ce pas ?

— Effroyable ! accentuait la femme du dessinateur... mais le mal n'est pas irrémédiable ?

Willy secoua la tête d'un air sceptique.

Puis, il fit :

— On m'a dit que si...

« C'est du moins ce que prétendent les médecins... mais je n'ai guère confiance en eux...

« Cependant, mon devoir est de tout mettre en œuvre pour tâcher que l'on aide ma pauvre femme à retrouver cette raison qui s'est si brutalement envolée.

Et il continua :

— Physiquement, elle est restée admirable... Elle ne porte aucune trace de cette blessure au sommet de la tête, de ce terrible traumatisme qui a éteint en elle le flambeau qui éclairait ses pensées.

« Ses yeux ont toujours la même douceur.

« C'est étrange... pardonnez-moi ; mais, depuis que je suis près de vous, j'ai l'impression que vous avez les mêmes yeux qu'elle, ses yeux qui révélaient si bien son cœur charmant, comme les vôtres révèlent votre âme exquise.

Il se tut, et, d'un geste qui semblait irréfléchi, il chercha la main de Marie-Thérèse qui, non moins spontanément, se tendait vers la sienne.

D'une voix qui tremblait un peu, le comte Zermatt reprenait :

— Je vais la voir tous les jours... le matin, vers dix heures... Elle ne me reconnaît pas, pas plus qu'elle ne reconnaît personne. Elle ne sait plus parler... Elle a des joies et des désespoirs de tout petit enfant... mais elle ne paraît pas souffrir de son état...

« Ce qu'il y a de plus extraordinaire, c'est que sa santé est des plus florissantes et que jamais elle n'a été plus belle.

« Vous vous doutez, n'est-ce pas, de ce qu'est ma vie ?...

« Aussi, il y a des moments, et ils sont fréquents, où je regrette de n'avoir pas été tué... tant ce douloureux spectacle m'enlève tout plaisir de vivre.

— Il ne faut pas parler ainsi... Il faut espérer... vous dis-je

— Je ne vous ai pas tout dit, s'écriait le don Juan des grands bars... d'un ton à la fois empreint de douleur et de mystère.

Et il regarda autour de lui...

Le hall était presque vide.

Trois ou quatre vieux messieurs, à l'autre bout de la pièce, s'attardaient en une discussion qui devait rouler beaucoup plus sur les affaires que sur la politique... car elle était paisible et ronronnante.

Tous les autres invités des Darmel s'étaient rués à l'attaque du buffet...

Zermatt reporta aussitôt ses yeux vers Mme Guervé et il lui dit :

— C'est singulier, la vie... Voilà à peine un quart d'heure que je vous connais et voilà qu'une force à laquelle je me sens incapable de résister me pousse à vous livrer un secret que je n'ai encore jamais révélé à personne.

— Je vous en prie ! s'écriait la jeune femme... ne me dites rien.

— Pourquoi ?

— Parce que vous le regretterez peut-être.

— Je n'ai jamais regretté qu'une chose.

— Laquelle ?

— Celle de n'être pas compris.

— Je vous comprends très bien, au contraire, et je vous plains de toute mon âme.

— Non, pas encore assez !

— Ce que vous voulez me confier est donc plus redoutable que je ne le pensais ?

— Oui.

— Vous me faites peur.

— Vous n'avez rien à craindre de moi et moi j'attends tout de vous...

« Madame, je vous en supplie, laissez-moi tout vous dire... à vous qui avez ses yeux, à vous qui devez avoir son âme.

Et, tout bas, le beau Willy martela :

— Je n'aime plus ma femme !

— C'est affreux ! tressaillait Marie-Thérèse.

— Plus affreux encore que vous ne pouvez vous l'imaginer.

— Et depuis quand ? interrogeait Marie-Thérèse.

— Depuis le jour où, physiquement ressuscitée, j'ai constaté le vide absolu de son âme... et de son cœur.

« J'ai cherché à lutter, à me raccrocher à l'espoir que me donnaient les médecins... à me dire :

« — Tu la retrouveras bientôt... comme elle était jadis !...

« Mais, à mesure que les journées passaient, mon indifférence devenait de plus en plus profonde. J'avais l'impression que le bloc de glace, transparent comme du cristal, à travers lequel je l'apercevais, ne se fondrait jamais.

« Mais ne croyez pas qu'un seul instant j'aie eu même l'idée d'esquiver mon devoir...

« Non, la mort de mon amour n'a fait qu'en aviver en moi la conception et à m'ordonner de le remplir avec une rigueur encore plus grande.

« Je suis riche, il est vrai... je pourrais donc m'étourdir, me distraire ; mais, quoi qu'on vous ait peut-être dit le contraire, je ne suis pas l'homme des plaisirs faciles... j'ai été, comme tous mes pareils... léger, inconséquent... avide et orgueilleux de conquêtes sans cesse renouvelées...

« J'ai voulu avoir mon tableau... d'amant... Mais je me suis vite aperçu que ce n'était pas là que résidait le vrai bonheur. Il ne me fallait pas des femmes... mais une âme... Je me suis marié une première fois... avec une jeune fille... très moderne... Nous ne nous sommes pas compris... et nous avons divorcé.

« Bien que j'en eusse le droit, car elle avait renoncé à faire appel du jugement prononcé à ses torts, je lui ai laissé notre fille... je ne le regrette pas, car elle l'a fait admirablement élever par sa famille, et elle-même mène une existence toute de travail et d'honneur devant laquelle, respectueusement, je m'incline.

« Quel beau caractère ! » se disait Mme Guervé, littéralement suspendue aux lèvres du beau Willy.

Ce dernier continuait :

— Malgré l'insuccès de cette première expérience, j'ai résolu de recommencer ma vie... et j'ai épousé Mlle de Calabert... Vous avez peut-être entendu parler, — cela a fait assez de bruit, — du drame de famille qui a précédé notre union ?

— Oui, monsieur, répliquait nettement la femme de l'artiste.

— Sans doute nous avez-vous blâmés, Gisèle et moi, d'avoir passé outre ?

— Nullement, monsieur, puisque vous vous aimiez.

— Voilà déjà de votre part une parole réconfortante, qui m'en fait espérer bien d'autres.

Et l'ex-don Juan des grands bars poursuivait :

— J'ai connu alors des heures incomparables.

« Ces quelques mois d'une union, qui s'annonçait harmonieuse et magnifique entre toutes, ont été pour nous une véritable extase. Et voilà que, soudain, tout se brise...

Et, de sa voix si pénétrante, si caressante, le comte Zermatt continua :

— Madame, j'ai lu autrefois, quand j'étais un adolescent, presque un enfant, un roman de je ne sais plus quel auteur, qui s'intitulait : l'*Exil du Ciel*.

« C'était l'histoire naïve et charmante d'une âme qui, dépouillée de son enveloppe mortelle, s'envolait au paradis, y goûtait les plus pures et les plus suprêmes délices et puis, tout à coup, redescendait sur la terre et venait se réincarner dans le corps qui reposait encore, inerte et glacé parmi les fleurs

dont, pieusement, ceux qui l'aimaient, l'avaient entouré.

« Elle revenait à elle... On criait au miracle. Les siens, fous de joie, prodiguaient leurs baisers à la ressuscitée. Et sa mère lui disait, tout en répandant des larmes de joie :

« — J'ai tant prié le bon Dieu qu'il a accompli le miracle de te rendre à moi !

« Mais la jeune fille, toute à la pensée du bonheur qui venait de lui être ravi, ne répondait pas à ces étreintes et à ces cris d'allégresse...

« A partir de ce moment, tout ce qui était la terre lui apparut si différent, si loin de ce qu'elle avait appris du ciel, que, chaque soir, elle ne cessait de demander à Dieu, qui l'avait exilée du paradis, de la rappeler à lui.

« Eh bien, moi, madame, comme l'héroïne de cette jolie légende, j'ai été exilé du ciel... comme elle, je trouve la terre si triste, si laide... le monde humain si peu conforme à la mentalité et aux aspirations nouvelles que j'ai prévues en savourant la perfection dans le bonheur...

« Mais je n'aurai pas, comme elle, l'espoir de la retrouver un jour... parce que tout est fini chez moi... que je suis seul et que je resterai toujours seul... jusqu'à la fin.

D'autant plus émue par ce qu'elle venait d'entendre, que le beau Willy s'exprimait avec un accent de sincérité qu'elle ne pouvait mettre en doute, Mme Guervé reprenait :

— Je m'en voudrais d'apporter à votre douleur, que je comprends si bien, des consolations qui pourraient vous paraître banales...

« Cependant, je ne puis me taire. Je sens

très bien que ce n'est pas avec des mots que l'on peut, non pas guérir, mais apaiser une si cruelle souffrance mais avec des preuves d'affection que je suis toute prête à vous donner.

— Que vous êtes bonne de me parler ainsi !

Gravement, Marie-Thérèse, qui semblait déjà à moitié prisonnière de ce véritable envoûtement auquel le séducteur se livrait sur elle, reprenait :

— J'ignore ce qu'il adviendra de cette première rencontre, mais dites-vous bien, monsieur, que, chaque fois qu'il vous sera agréable de me voir, je serai toujours heureuse de vous retrouver.

Le beau Willy saisit la main de la jeune femme et y appuya ses lèvres.

Mme Guervé sentit tout son être frémir au contact de cette bouche ardente et voluptueuse... Elle se leva... se dégageant en un geste de vague défense auquel il manquait une énergie qui eût signifié à l'audacieux qu'il ne fallait pas recommencer de telles plaisanteries.

Encouragé, Zermatt allait la ressaisir, l'attirer vers lui... lorsque Mme Darmel apparut.

— Mon cher comte, fit-elle, nos amis se demandent ce que vous êtes devenu... et m'ont priée de partir à votre recherche... Je vois que vous n'étiez pas bien loin.

Instantanément, Zermatt avait repris son masque habituel et, tout de suite, il répliquait, avec cette désinvolture élégante qui lui était particulière :

— Figurez-vous, chère madame, que, Mme Guervé et moi, nous nous sommes retrouvés en ce qu'on appelle « pays de connaissance » et nous nous sommes aperçus que nous avions beaucoup d'amis communs.

Marie-Thérèse, qui s'était levée, avait rejoint Mme Darmel.

Craignant déjà de se compromettre en paraissant au buffet en compagnie du beau Willy, elle dit à son amie :

— Excusez-moi, je file à l'anglaise... Nous dînons ce soir en ville et je n'ai que le temps de rentrer pour m'habiller.

— Voyons, il n'est que cinq heures, observait la maîtresse de maison... restez-nous encore un peu.

— Non, je vous assure. La route de Fontainebleau à Paris est si dangereuse, que j'exige toujours de mon chauffeur qu'il ne fasse pas plus de cinquante à l'heure.

— Vous êtes donc peureuse ?

— Très, je l'avoue.

— Cependant, vous n'avez jamais eu d'accident.

— Non, et je ne tiens pas à commencer. Vous me pardonnez, n'est-ce pas ?... Au revoir, chère amie, je vous laisse à vos invités. Mes compliments à M. Darmel, et à bientôt.

— A bientôt.

Tandis que Mme Guervé rejoignait son auto, le don Juan des grands bars, en entrant dans la salle à manger, avait immédiatement repéré Mme Hartigot en train de se bourrer de sandwiches, de gâteaux et de petits fours, qu'elle arrosait copieusement de champagne.

Il parvint à se faufiler auprès d'elle, et l'arrachant pour un instant à ses exploits gastronomiques, il lui dit :

— Pas mal, votre numéro ! C'est tout à fait ce qu'il me faut.

— Alors, content ?

— Enchanté...

— Vous croyez que ça va marcher

Avec la fatuité d'un bellâtre qui sait très bien que rien ne peut lui résister, Zermatt répondait :

— J'en suis sûr.

D'un ton mystérieux, la grande couturière observait :

— Pourvu que le père Ordenay ne vienne pas encore nous mettre des bâtons dans les roues !

— Ah ! le père Ordenay, fit le beau Willy, pour l'instant, il se tient bien tranquille.

Et avec un sourire de sourde menace, il fit :

— Je l'engage à continuer !

VI

UN MÉNAGE BRISÉ

On dirait qu'il existe ici-bas une certaine catégorie d'individus qui n'ont été créés et mis au monde que pour faire le mal, soit en se répandant en intrigues ayant pour but de s'attaquer à des personnalités honorables entre toutes et aux situations légitimement acquises, soit en cherchant à démolir, à détruire le bonheur des autres, en répandant sur ceux qu'ils ont juré « d'avoir », selon la brutale expression de nos arrivistes contemporains, les plus immondes calomnies.

Notez que ces tristes individus agissent rarement par eux-mêmes, souvent parce qu'ils n'en ont pas le moyen, plus souvent aussi parce qu'ils n'en ont pas le courage.

Ils se font alors les stipendiés de certains individus, généralement assez haut placés, mais qui, encore plus lâches qu'eux, préfèrent rester dans la coulisse.

Presque toujours, cette venimeuse collaboration se traduit par une petite feuille soi-disant satirique et littéraire que commandite le personnage mystérieux et que rédige l'homme taré à ses gages.

Ce matin-là, c'est-à-dire le lendemain de sa première rencontre avec le comte Zermatt, Marie-Thérèse Guervé, tout en faisant la grasse matinée, parcourait les feuilles du jour, lorsque son attention fut attirée par une petite brochure à elle personnellement adressée et que la femme de chambre avait déposée dans le plateau avec la correspondance et les autres imprimés.

Elle en détacha la bande, se demandant qui, et dans quel but, on pouvait lui envoyer un numéro du *Martinet* dont, jusqu'à ce jour, elle avait totalement ignoré l'existence. Et, distraitement, elle se mit à le feuilleter...

A la cinquième page, elle s'arrêta. Un article, encadré d'un coup de crayon rouge, venait d'attirer son attention.

Elle comprit que, si l'expéditeur l'avait entouré de la sorte, c'est qu'il avait le désir que sa prose fût connue de sa destinataire.

Et voici ce que la femme de l'artiste lut avec une émotion qui grandissait de ligne en ligne.

LA VIERGE DU MOULIN ROUGE

UN ÉVÉNEMENT BIEN PARISIEN

« Il paraît qu'une nouvelle étoile vient
« d'apparaître dans notre firmament... ou
« plutôt dans celui du music-hall... et c'est
« au *Moulin-Rouge*, qu'il faut bien appeler
« par son nom, bien que le directeur de cet
« établissement montmartrois n'ait jamais
« daigné nous accorder le moindre cachet
« de publicité.

« C'est donc au *Moulin-Rouge* que ce phé-
« nomène astral s'est accompli lors de la
« première représentation de la revue *Que*
« *c'est beau, Paris !*

« L'étoile en question n'est autre qu'une
« jeune bohémienne qui, comme par hasard,
« est d'un blond tel qu'on n'en rencontre
« que dans les pays anglo-saxons. Elle se fait
« appeler tout simplement : Marquita.

« Nous avons assisté à ses ébats chorégra-
« phiques... Sans partager l'enthousiasme
« d'une presse qui a de bonnes raisons pour
« trouver formidable tout ce qui se dit, se
« fait, se chante ou se danse dans cette mai-
« son, nous reconnaissons loyalement que
« cette Marquita, que l'on avait essayé
« d'étouffer entre un sketch remarquable-
« ment interprété par Moïse et Thomas, les
« deux célèbres clowns nègres, et un finale
« où la non moins illustre Nono-Manette
« avait eu la modestie de nous prévenir,
« dans un de ces interviews familiers, qu'elle
« serait tout simplement prodigieuse, nous a
« apporté une note nouvelle, originale, telle
« qu'on n'en avait pas vue depuis longtemps.
« Aussi a-t-elle remporté un succès aussi

« colossal qu'imprévu et le manager du
« Moulin-Rouge, qui, paraît-il, ne fondait
« sur elle aucune espérance, l'a immédiate-
« ment engagée à des appointements magni-
« fiques et a donné l'ordre à ses fournisseurs
« habituels de lui réserver, dans le prochain
« spectacle, une place prépondérante.

« Inutile d'ajouter que Nono-Manette
« bisque terriblement... Fort intelligem-
« ment, elle n'en laisse rien voir et comble
« d'amabilités la bohémienne blonde, qui
« aurait bien tort de se laisser duper par
« cette attitude de camaraderie bienveil-
« lante.

« Tout cela, somme toute, ne serait pas
« extrêmement palpitant... si cette histo-
« riette n'avait pas des dessous plutôt étran-
« ges et qui promettent de prendre bientôt
« les proportions d'un joli petit scandale.

« L'extraordinaire, l'avisé, le subtil, l'ar-
« tiste inné, le connaisseur raffiné que pré-
« tend, se croit être et cherche à le faire
« croire, l'impresario Corbert, maintenant
« que sa nouvelle pensionnaire a réussi,
« c'est lui qui l'a découverte, déclare-t-il.

« Or, il n'en est rien... Cette nouvelle ve-
« dette, nous la devons à un jeune artiste,
« Jacques Guervé, qui a lancé la si curieuse
« affiche de Nono-Manette...

« Le talentueux illustrateur aurait, ainsi
« que Mᵐᵉ Marquita l'a déclaré à l'un de nos
« confrères, rencontré dans un petit pays de
« Bretagne cette délicieuse enfant de
« Bohème.

« Conquis par son talent instinctif et son
« charme naturel, il l'aurait emmenée à Pa-
« ris et imposée à ce directeur, le menaçant,
« s'il ne l'engageait pas immédiatement, de

« cesser toute collaboration ; ce qui prouve,
« ainsi qu'on le chante dans *Carmen*, que

L'amour est enfant de Bohème
Qui n'a jamais connu de loi.

« Le génial manager a cédé, et, aujour-
« d'hui, il s'en félicite.

« Mais une charmante artiste qui ne par-
« donne pas à M. Jacques Güervé cette inter-
« vention dont les résultats ne peuvent être
« que très gênants pour elle, c'est la grande
« vedette Nono-Manette.

« Il paraît que, le lendemain de la pre-
« mière, elle a fait une scène terrible à l'au-
« teur de son effigée.

« — Tu n'es qu'un mufle... lui a-t-elle
« dit. Tu me dois tout... C'est moi qui t'ai
« lancé... J'ai encore eu la sottise d'avoir
« pour toi un béguin qui pouvait très bien se
« transformer en grand amour !... Pourtant.
« lorsque tu m'as annoncé que tu voulais te
« marier avec une jeune bourgeoise riche,
« avant tout, je n'ai vu que ton intérêt... Jo
« ne me suis pas cramponnée... Je ne t'ai
« adressé aucun reproche... Je t'ai même fait
« cadeau d'une épingle de cravate que tu
« n'as d'ailleurs jamais portée, et, malgré
« cela, je suis restée pour toi une bonne
« camarade.

« Et voilà qu'à présent tu me flanques
« dans les pattes une petite bonne femme
« que tu as ramassée sur une grande route
« ou ailleurs.

« Vraiment, tu dépasses la mesure... Si
« cela t'amuse de tromper ta femme avec des
« gotons qu'on ne devrait ramasser qu'avec
« une pincette, c'est ton affaire. Mais, moi,

« je ne supporterai pas que tu t'attaques à
« ma situation... ou alors, moi, je me charge
« de démolir la tienne... et ce ne sera pas
« long...

« En attendant, je t'engage, lorsque tu iras
« déjeuner ou dîner dans un restaurant,
« avec ta poupée de linge sale, de parler un
« peu moins fort, et surtout de ne pas racon-
« ter à qui veut l'entendre que, lors de la
« prochaine revue, le nom de Marquita sera
« imprimé sur l'affiche en caractères aussi
« gros que le mien ! »

Le rédacteur anonyme, bien entendu, de ce
« papier » venimeux, concluait en ces
termes :

« Nous continuerons à rendre un compte,
« entre tous impartial, du match qui vient
« de s'engager entre Nono-Manette et Jac-
« ques Guervé.

« Il s'annonce des plus mouvementés... et
« j'ajoute qu'il serait d'un comique intense
« si, malheureusement, il ne comportait pas,
« ainsi que toutes les pièces bien charpen-
« tées qui ont fait la fortune du théâtre pen-
« dant de si nombreuses années, une inno-
« cente victime, vers laquelle, inutile de le
« dire, s'en vont toutes nos respectueuses
« sympathies et nos sincères condoléances.

« Espérons que la petite bourgeoise riche
« montrera du cran et qu'elle ne tardera pas
« à prendre une éclatante revanche sur la
« bohémienne blonde. »

La lecture terminée, le premier mouvement
de Marie-Thérèse fut de se lever, de passer
un peignoir, de monter à l'atelier où travail-

lait son mari et d'avoir avec lui une explication aussi nette que décisive ; mais elle se contint et se prit à réfléchir.

Depuis la veille, elle avait beaucoup réalisé... Bien que le comte Zermatt l'eût déjà marquée de cette emprise qui le rendait si redoutable aux femmes dont l'absence de toute volonté autant que le manque de sens moral en faisaient pour lui des proies vaincues d'avance, en route, elle s'était ressaisie, car, au fond, malgré ses allures évaporées et sa soif inextinguible de plaisirs et cet impérieux besoin de mouvement qualifié de *bougeotte*, Marie-Thérèse était, en réalité, une brave petite femme qui, si elle ne se fût pas laissé à moitié *ensnobiser*, eût fait une parfaite épouse.

Somme toute, qu'avait-elle à reprocher à son mari ? de la délaisser pour son art, pour son travail ?

Ne devait-elle pas l'en estimer davantage, puisqu'elle savait fort bien que c'était afin de lui rendre la vie plus large, plus agréable et d'apporter dans le ménage une part non pas égale, mais sensiblement supérieure à la sienne, qu'il renonçait à la joie de l'accompagner partout où sa fantaisie la conduisait.

N'était-ce déjà pas de sa part un réel et, sans doute, très pénible sacrifice de lui laisser une liberté dont elle n'avait jamais profité pour donner suite aux aventures que lui offraient ses nombreux soupirants ?

Aussi se disait-elle :

« Je ne pourrai jamais le tromper... »

Elle se reprochait même de le quitter trop souvent... et elle se promettait qu'à l'avenir elle se montrerait plus sérieuse... qu'elle resterait davantage chez elle... qu'elle s'occuperait mieux de lui...

Lorsqu'elle rentra chez elle, la tentation que le don Juan des grands bars lui avait un moment inspirée s'était dissipée... Et comme si, après ce contact dont elle avait subi la morbidité dangereuse, elle voulait vite prendre un bain d'honnêteté, avant d'enlever son chapeau et son manteau, elle courut aussitôt jusqu'à l'atelier de Jacques.

Celui-ci, en la voyant apparaître rieuse, aimable, avec tout plein de tendresse dans le sourire et dans le regard, abandonna son travail pour s'élancer vers elle et la prendre dans ses bras.

— Je ne t'attendais pas si tôt, fit-il en la couvrant de baisers.

— Mon Jacques, fit-elle, je me suis tellement ennuyée que, dès que je l'ai pu, j'ai faussé compagnie aux invités des Darmel.

— Tu as bien fait, fit-il, et tu ne peux te figurer combien cette surprise m'est agréable.

— Il ne faut pas que je t'empêche de travailler.

— J'avais fini.

— Qu'est-ce que tu faisais ?

— La maquette de l'affiche que le directeur du *Moulin-Rouge* m'a commandée pour Marquita. Tiens, regarde !

Et, désignant à sa femme le chevalet contre lequel s'appuyait le carton blanc sur lequel il avait réalisé le portrait de la bohémienne, Marie-Thérèse eut ce cri :

— C'est un chef-d'œuvre !...

— Je crois, en effet, que ce n'est pas trop mal, reconnaissait l'artiste qui, fait excessivement rare, semblait satisfait de son travail.

M⁰⁰ Guervé avait raison : c'était un chef-d'œuvre.

C'était un être vivant qui était là, avec tout son charme mystérieux, toute sa beauté fascinante... ses yeux superbes et cette auréole blonde de cheveux dans lesquels on sentait frémir une brise légère qui ajoutait encore à l'illusion de la réalité.

— Ce qu'il y a d'extraordinaire, s'écriait Marie-Thérèse, c'est que tu aies réalisé cela aussi rapidement.

— Ce n'est qu'une première esquisse, répliquait Jacques.

Et il ajouta :

— Et puis, quand un sujet vous inspire...

Il se tut, craignant d'avoir prononcé une parole imprudente et que sa femme, qu'il adorait par-dessus tout, ne se méprît sur la nature des sentiments que lui inspirait Marquita.

Mais, vite, il se rassura. Marie-Thérèse continuait à admirer le projet d'affiche...

Puis elle fit, avec un calme qui montrait qu'il n'y avait en elle aucun soupçon, aucune crainte :

— Le fait est que cette petite est très intéressante.

Guervé revenait vers sa femme et lui disait :

— Veux-tu que nous allions, ce soir, au *Moulin-Rouge*, voir un peu l'effet qu'elle produit sur le public ?

— Je veux bien, acceptait la jeune femme, mais...

Elle se tut.

Jacques reprit :

— Peut-être avais-tu un autre projet ?

— Oui.

Avec une expression d'amertume qu'il s'efforçait en vain de dissimuler, l'artiste émettait :

— Sans doute, as-tu promis à des amis de sortir avec eux ?

— Non ! souriait Marie-Thérèse... j'aurais voulu que nous passions cette soirée ensemble ici... dans cet atelier.

« Je t'aurais fait un peu de musique... oh ! rassure-toi, pas du charleston... car je ne veux plus te taquiner !

« Je t'aurais joué du Bach, du Beethoven, du Mozart, de ce que tu aimes, enfin...

« Mais, si tu tiens absolument à ce que nous allions au Moulin-Rouge, c'est entendu.

Tout étonné, le dessinateur déclarait :

— J'avais besoin de vérifier certains détails du costume de Marquita... mais ça ne presse pas autrement... Demain, il y a matinée, j'irai.

— Cela ne te contrarie pas ?

— Je suis trop heureux, au contraire, de te prouver combien je tiens à ta présence.

Et, tout en l'attirant contre lui, il fit :

— Notre intimité m'est si douce.

Gravement, la jeune femme exprimait :

— Jacques, je reconnais que j'ai eu de grands torts envers toi.

— Mais non !

— Si ! Je n'avais pas su dominer ma légèreté, ma coquetterie, ni surtout comprendre combien un homme de ta valeur a besoin d'avoir près de lui une associée et non pas une poupée mondaine, telle que j'étais.

« Aujourd'hui, j'ai réagi tout à coup ; je me suis dit :

« Pendant que je m'amuse, ou, plutôt, que je fais semblant de m'amuser, lui travaille... pour moi encore plus que pour lui... Il se sacrifie... Et, ce soir, lorsque je rentrerai, malgré toute la tristesse qu'aura mise en lui mon absence, ce soir, il aura assez de force sur lui-même pour me cacher ses angoisses et me recevoir avec le sourire d'un homme heureux.

« Eh bien, non, je n'ai pas le droit de me montrer aussi cruelle envers lui ; je veux redevenir l'amoureuse que j'étais... je veux être la compagne qu'il mérite ! »

« Serre-moi bien dans tes bras, mon chéri. J'ai été une sotte, une folle, une enfant gâtée, mal élevée... à laquelle des parents trop faibles, ou simplement égoïstes, ont laissé trop de liberté... et sans l'appui d'aucun conseil ; mais, regarde-moi bien dans les yeux et laisse-moi te dire, te jurer que jamais, tu m'entends ? je n'ai même eu l'intention de te tromper !...

« Si parfois j'ai écouté, je ne dis pas avec complaisance, mais avec une certaine joie orgueilleuse les compliments des autres hommes, il n'en est pas un seul qui puisse se vanter d'avoir reçu de moi le moindre encouragement.

« Embrasse-moi donc, mon Jacques, sur mes lèvres... Elles n'ont jamais connu et ne connaîtront jamais d'autre baiser que le tien... Je suis à toi !... Je t'aime !...

Jamais encore le jeune artiste n'avait connu pareille ivresse... Il avait l'impression de vivre un rêve. Et sans chercher à s'expliquer le brusque revirement qui l'irradiait de la plus sublime des allégresses, il entourait d'une étreinte splendide le corps souple, ardent, qu'il sentait frémir contre le sien.

Il ne se doutait pas qu'en agissant de la sorte, Marie-Thérèse qui, malgré ses défauts était d'une droiture naturelle qui la faisait s'indigner devant une trahison possible, cherchait en ce moment à échapper à la tentation qui l'avait troublée dès sa première entrevue avec Willy Zermatt.

Sentant très bien qu'elle risquait de succomber, elle s'efforçait de rendre le plus agréable possible le devoir auquel elle se raccrochait...

Elle voulait trouver Jacques plus beau que l'autre... Elle cherchait à ajouter à l'auréole de son talent celui d'avantages physiques qui l'eussent fait rayonner en elle au-dessus de tous.

Elle s'offrait à ses caresses qu'elle lui rendait avec un emportement que jusqu'alors elle n'avait jamais connu...

Et grisée, étourdie, elle ferma les yeux.

Et voilà que, soudain, elle eut l'étrange hallucination. Elle crut que c'était Willy Zermatt qui l'étreignait... que c'était sa bouche qui brûlait la sienne, que c'était lui qui s'emparait de son âme, de son cerveau, de ses sens, de tout elle... Et brisée de honte, comme si elle venait de consommer l'adultère contre lequel, si courageusement, elle cherchait à se défendre, elle demeura étourdie... se cachant la tête avec ses bras croisés, sur le divan où Jacques l'avait entraînée.

Lorsqu'elle se ressaisit, elle comprit qu'elle n'avait pas remporté sur elle-même la victoire qu'elle voulait... mais plutôt une défaite qui lui prouvait combien, plus que jamais, elle devait se tenir sur ses gardes...

Mais elle n'en fut pas découragée...

C'était la lutte ! Eh bien, elle lutterait jusqu'au triomphe...

Et la douceur, la bonté, l'amour que lui témoignait Jacques pendant toute cette scène, lui firent coire, en l'illuminant de ses propres sentiments, qu'elle était déjà presque victorieuse.

Et voilà que, le lendemain matin, elle apprenait par un entrefilet de cette feuille immonde, qui s'appelait le *Martinet*, que Jacques était l'amant de Marquita !...

Tout d'abord, ainsi que nous l'avons vu, cette révélation produisit en elle un mouvement de subite colère...

Puis, elle réfléchit :

« Il n'est pas possible que ce soit vrai... Hier soir, j'ai trop bien compris à quel point Jacques était à moi pour que ce raconter ne soit pas un mensonge.

« Peut-être veut-on le faire chanter ? »

Malgré tout, un malaise subsistait dans l'esprit de la jeune femme.

Elle se rappelait avoir lu récemment un roman d'un jeune auteur qui soutenait la thèse que l'homme était né polygame et qu'il pouvait très bien aimer une, deux, et même plusieurs femmes à la fois.

Mais elle ne s'attacha pas à cette idée beaucoup plus faite pour inspirer la verve d'un vaudevilliste que le cerveau d'un psychologue.

Elle songea que le moment où Jacques avait fait la connaissance de la petite bohémienne correspondait exactement à celui où elle l'avait quitté pour se rendre à Deauville, dans sa famille.

Elle se dit également que, si grand fût l'amour qu'elle avait inspiré à son mari, celui-ci était à un âge où certaines exigences physiques, au moins autant que certains découragements moraux, invitent à la tromperie les amants les plus fidèles...

Elle se rappela qu'à cette même époque, elle avait ressenti certains troubles qu'elle avait réussi à surmonter, mais non sans peine.

Pourquoi après tout, Jacques, après avoir eu un béguin uniquement artistique pour cette Marquita, n'aurait-il pas poussé plus loin l'aventure ?

Elle était très séduisante, cette bohémienne blonde... Elle pouvait devenir et peut-être était-elle, même déjà, une rivale dangereuse ?

N'avait-elle pas sur elle l'avantage d'une originalité puissante... et le prestige éclatant d'une vedette sensationnelle ?...

N'était-ce pas Jacques qui l'avait lancée ?... Et n'était-il pas logique que pour l'en remercier, Marquita ne lui offrît le plus beau cadeau dont elle disposait : Elle !

De nouveau, elle fut tentée d'avoir avec son mari une explication décisive...

Mais elle se dit :

« A quoi bon !... S'il est coupable, il niera éperdument... Il me jurera ses grands dieux qu'il est l'objet d'un grossier chantage ou la victime des bons petits camarades qui ne lui pardonnent pas d'être arrivé avant eux... »

Mieux valait dissimuler, s'informer discrètement... avoir une certitude.

Si c'était une calomnie, elle n'aurait qu'à l'oublier... Si c'était la vérité, eh bien !... *elle verrait !...*

Mais cette dernière hypothèse, bien que,

loyalement, elle s'efforçât de la combattre, occupa beaucoup plus son esprit que la première.

A mesure qu'elle en était hantée, elle se reprenait à penser à Willy Zermatt, à évoquer son image, à se rappeler ses paroles...

Cette fois, ce n'était plus de l'ascendant direct, mais une sorte d'envoûtement à distance, qu'exerçait sur elle le redoutable séducteur.

Pour échapper au désarroi qui s'était emparé d'elle... Marie-Thérèse se leva...

Elle s'en fut cacher l'exemplaire du *Martinet* dans le tiroir d'un petit meuble, dit *bonheur du jour*, que jamais n'ouvrait son mari.

Puis, tout en procédant à sa toilette, elle se prit à songer aux moyens d'information dont elle allait user, afin de s'assurer si son mari était ou n'était pas l'amant de Marquita...

Elle avait souvent remarqué, sans y prêter grande attention, d'ailleurs, la publicité assez importante que font, dans les grands journaux, les détectives privés, dont quelques-uns ont acquis une réputation, d'ailleurs justifiée.

Après s'être habillée, elle s'empara d'un grand journal d'information, et elle examina aussitôt les annonces.

Elles contenaient plusieurs adresses de détectives connus... mais un placard l'intéressa particulièrement... Il était ainsi rédigé.

Si vous voulez être exactement renseigné sur tout ce que vous désirez savoir ?

Si vous voulez connaître, par avance, *les joies et les douleurs que l'avenir vous réserve ?...*

Si vous voulez être au courant des moindres actions de vos intimes ?...

Si vous voulez être fixé sur la sincérité de vos amis et les projets de vos adversaires ?...

Adressez-vous au moderne

CAGLIOSTRO

qui, par des procédés uniquement scentifiques et dont l'exactitude est confirmée par des milliers d'expériences, vous révélera à la fois le présent, le passé et l'avenir...

Consultation uniquement sur rendezvous.

Paris, 28, av. du Ranelagh, 28.

Ne pas téléphoner... Ecrire.

Marie-Thérèse n'était pas une de ces femmes crédules, comme l'on en rencontre même et surtout peut-être dans les hautes classes de la société... et qui sont les habituées assidues des voyantes et tireuses de cartes qui pullulent dans notre capitale.

Il est même certain que si elle se fût trouvée dans un état d'esprit normal, elle n'aurait pas eu un seul instant l'idée d'attacher la moindre importance à cette réclame fort adroite d'ailleurs, et qui devait produire un gros effet sur toutes celles, et aussi tous ceux sur lesquels les sciences occultes exercent un mystérieux attrait.

Mais elle traversait une crise morale trop aiguë pour conserver intact son bon sens, et elle se dit :

« Pourquoi, après tout, ne consulterai-je pas ce Cagliostro ?

« Qu'est-ce que je risque ?

« Quelques billets de cent francs.

« Si je suis dupe, la mystification ne sera véritablement pas bien coûteuse, et qui sait d'ailleurs si vraiment, ainsi qu'il le prétend, cet homme est doué du don de double vue ? Ne vaut-il pas mieux m'adresser à lui plutôt qu'à un détective qui sera obligé de se livrer à des enquêtes, à des filatures, qui dureront beaucoup de temps ?...

« Et moi je ne veux pas demeurer dans une pareille incertitude !...

« Il sera bien temps, si ce Cagliostro est un farceur, de m'adresser à un vrai policier.. »

Elle se préparait à écrire au moderne sorcier, lorsque son mari apparut.

Il était très pâle, et ses traits contractés laissaient deviner une colère qu'il avait peine à contenir.

— Lis cela, fit-il à sa femme, en lui tendant une brochure qu'il tenait à la main.

— Le *Martinet !* fit la jeune femme en s'en emparant.

Puis, tout en s'efforçant de garder tout son calme, elle ajouta :

— Je suis au courant.

— Comment cela ?

— Un généreux anonyme a déjà eu la délicate intention de m'en faire parvenir un numéro.

— Alors, tu as lu ?

— Oui, j'ai lu.

— Pourquoi n'es-tu pas montée tout de suite m'en parler ?

— Parce que je n'ai pas jugé indispensable de provoquer entre nous deux une explication que j'estime...

Marie-Thérèse allait dire « prématurée »... mais elle se reprit :

— Que j'estime inutile.

— Je suis heureux que tu n'aies pas attaché la moindre importance à cette ignominie.

— Le mieux, concluait Mme Guervé, que cette conversation gênait, est de ne plus en parler.

— Je ne suis pas de cet avis, reprenait le jeune artiste... Aussi ai-je prié deux de mes amis de se rendre auprès du directeur de cette feuille de chantage...

— Tu ne vas pas te battre en duel ?

— Non, des fripouilles de cette espèce ne relèvent que du bâton ou de la police correctionnelle...

« J'exige simplement que, dans son prochain numéro du *Martinet*, il soit inséré un démenti formel à cet écho calomnieux dont, d'ailleurs, je crois connaître la source.

— Moi, déclarait Marie-Thérèse, je suis d'avis de laisser tout cela tranquille.

— Moi, affirmait Jacques avec force, je ne veux pas laisser prendre corps à une légende odieuse.

— Que t'importe ! puisque je la considère comme fausse. Et il me semble que je suis dans cette affaire la première intéressée.

— Certes... Mais permets-moi de m'étonner que tu n'éprouves pas plus que de l'ennui, mais de la peine, de voir notre vie attaquée dans ce qu'elle a de plus intime, de plus précieux et de plus sacré.

— Rapppelle-toi le vieux proverbe arabe : « Les chiens aboient, la caravane passe. »

— Cette fois, les chiens font mieux qu'aboyer, ils mordent.

— Oui, mais leurs morsures ne sont pas bien dangereuses.

— Je ne puis cependant pas, s'énervait Jacques, laisser passer, sans les démentir et sans les relever, d'aussi lâches calomnies !...

— Tu vas donner à ces gens-là une importance qu'ils n'ont pas.

— Dis plutôt une leçon qui les musellera à tout jamais !

— Je trouve le mépris beaucoup plus digne.

— Songe que nous ne sommes pas seuls en cause... Il y a aussi cette jeune fille.

— Quelle jeune fille ?

— Marquita.

— Mon chéri, déclarait Mme Guervé avec un accent de reproche dans lequel n'entrait aucune amertume, du moins apparente, tu ne vas pas te fâcher... mais, franchement, permets-moi de te dire que tu exagères.

— Comment cela ?

— En te posant en défenseur de la vertu de cette bohémienne... tu ne mettras pas précisément les rieurs de ton côté.

— Marquita est une très honnête fille ! scandait énergiquement le jeune artiste.

— Je n'ai pas la preuve du contraire ! ripostait Marie-Thérèse sur un ton un peu dédaigneux... mais je crois qu'il te sera très difficile de faire admettre qu'une jeune personne de vingt ans qui a passé sa vie parmi des nomades ait conservé l'intégrale pureté que l'on exigeait autrefois des vestales.

— Marie-Thérèse, je t'en prie, ne plaisante pas sur cette petite.

— Je m'en garderai bien ! affirmait Mme Guervé, non sans une certaine ironie ; car, je t'assure qu'elle n'occupe pas dans mon existence — et j'espère qu'il en est de même dans la tienne — une place assez considérable pour que je me fasse à son sujet le moindre souci.

Jacques, de plus en plus nerveux, grommelait :

— C'est extraordinaire !

— Quoi ? questionnait la jeune femme, sans se départir de son sang-froid.

« Qu'y a-t-il d'extraordinaire ?

— On dirait que tu n'es pas sûre de moi.

— Je me demande qui a pu te donner une idée pareille ?

Le dessinateur répliquait :

— J'estime qu'il ne doit pas y avoir de malentendu entre nous... Aussi je ne te cacherai pas combien je viens d'être surpris et peiné en t'entendant me dire en parlant de Marquita :

« — Elle n'occupe pas dans mon existence une place assez considérable, et j'espère *qu'il en est de même dans la tienne !*

— Ah ! j'ai dit cela ?

— Textuellement.

— C'est possible ! admettait Marie-Thérèse. Parfois, les paroles dépassent la pensée... La preuve, c'est que je ne m'en souviens déjà plus... et crois bien que je suis au regret si je t'ai causé de la peine.

— Je préfère t'entendre me parler ainsi...

« A tout à l'heure, Marie-Thérèse... Je remonte travailler.

— C'est cela, va, mon petit.

Ils se séparèrent.

Mme Guervé remarqua que son mari ne l'avait pas embrassée comme il en avait toujours l'habitude à la fin des rares et toujours légères discussions qui s'élevaient entre eux.

Cette attitude ne fit que grandir le soupçon qui était en elle... Et, demeurée seule, elle se dit :

« Tout à l'heure, je croyais à une passade. A présent, j'en suis sûre, il est l'amant de cette fille ! »

Et elle ajouta, en poussant un profond soupir :

— Mon ménage est brisé !... Dieu m'est témoin que j'aurai tout fait pour éviter une pareille cassure.

Une sonnerie de téléphone vibrait.

Marie-Thérèse prit le récepteur et écouta. Une voix grave et masculine lançait :

— Allo ! Madame Guervé ?

— C'est moi, monsieur...

— Pas monsieur... Mme Hartigot.

— Excusez-moi, madame, s'écriait Marie-Thérèse, je n'avais pas reconnu votre voix.

— J'ai pris la mauvaise habitude de crier quand je téléphone... En deux mots, voici...

« J'ai un service à vous demander... Je ne peux pas vous dire quoi... mais rassurez-vous... cela, je l'espère du moins, ne peut que vous être agréable...

— Vous êtes vraiment très gentille.

— Vous m'avez tout de suite été très sympathique.

— J'en suis très flattée, car je sais que vous êtes très sévère dans le choix de vos relations.

— A Paris, il faut toujours être sur le qui-vive !

« Allo ! vous m'entendez bien ?

— Très bien, madame !

— J'aurais voulu me rendre aujourd'hui chez vous... Mais je suis tellement prise... Si vous pouviez venir demain, vers cinq heures, à la maison, prendre une tasse de thé, j'en serais ravie.

— J'accepte avec grand plaisir, chère madame.

— Je vous attends donc !

— Comptez sur moi !

« Ah çà ! se demandait Marie-Thérèse en raccrochant l'appareil, quel service suis-je capable de rendre à Mme Hartigot ?... »

Elle réfléchit un instant, puis se sentant incapable de déchiffrer cette énigme dont la solution, d'ailleurs, n'allait pas se faire attendre bien longtemps, elle se rappela tout à coup qu'elle avait décidé d'écrire à Cagliostro, et vite, elle traça ces mots sur un petit bleu :

« Monsieur,

« Je viens vous demander de bien vouloir « me recevoir le plus tôt possible, car j'ai « absolument besoin d'un renseignement que « seul vous pouvez me donner.

« Recevez, monsieur, l'expression de mes « sentiments les plus distingués.

« Marie-Thérèse GUERVÉ. »

Vite, elle envoya sa femme de chambre jeter la missive dans la boîte du bureau de poste le plus rapproché.

La réponse ne se fit pas attendre. Vers cinq heures de l'après-midi, elle recevait un coup de téléphone la prévenant que M. Cagliostro, bien qu'il fût très pris en ce moment, l'attendait chez lui le lendemain, à deux heures de l'après-midi, à son hôtel particulier, 28, rue du Ranelagh.

La voix ajoutait que Mme Guervé était priée de se munir d'un objet appartenant à son mari et d'une lettre de ce dernier.

Enchantée d'avoir reçu satisfaction aussi rapidement, Marie-Thérèse se promit d'être exacte au rendez-vous. Si cet homme n'était pas le plus vil des charlatans, si au contraire il était, ainsi qu'il le prétendait, un véritable savant, doué d'un don spécial de double vue... le lendemain elle serait fixée.

Alors si, comme elle en était déjà convaincue, Marquita était la maîtresse de son mari, eh bien ! s'il voulait d'elle, le comte Zermatt deviendrait son amant !

V

CAGLIOSTRO

Quel était ce personnage bizarre qui se cachait sous le pseudonyme de Cagliostro, c'est-à-dire du fameux sorcier qui, à la fin du XVIIIe siècle, peu avant la Révolution, avait bouleversé la haute société française par ses expériences, basées, disaient les uns, sur le plus vulgaire empirisme, inspiré, prétendaient les autres, sur la connaissance la plus étendue des sciences occultes à travers les âges...

Nul, même dans le voisinage, n'aurait pu nous renseigner, d'abord parce que ce Cagliostro nouveau modèle ne sortait jamais de la somptueuse et très moderne demeure qu'il avait achetée trois mois auparavant et fait meubler par des artisans étrangers, qui seuls avaient eu le droit d'ouvrir les caisses de toutes dimensions qui, par les Messageries du chemin de fer, étaient arrivées, 28, rue du Ranelagh... puis, parce que ses quatre serviteurs nègres étaient muets, non pas de volonté, mais de naissance, et que lorsqu'ils se rendaient chez les fournisseurs, ils étaient toujours munis de petits papiers tapés à la machine à écrire et qui notifiaient et précisaient au commerçant les objets ou denrées qu'ils devaient leur livrer.

Payant d'ailleurs rubis sur l'ongle, Achab, Sem, Cham et Japhet — c'étaient les noms des quatre serviteurs qui, portant avec désinvolture la livrée rouge et or dont leur maître les avait affublés — étaient d'autant plus estimés du négoce environnant, qu'ils refusaient avec dignité de recevoir le « sou du franc » et d'accepter même un apéritif.

Ainsi que le disait une fruitière de l'avenue Mozart, ils avaient beau avoir l'air de singes savants, c'étaient tout de même des domestiques comme on en rencontre plus de nos jours.

Et tout ce qu'on avait pu savoir de leur maître, c'était ce qu'en avaient publié les journaux, c'est-à-dire qu'il était une espèce de prophète, déclaraient les uns, de tireur de cartes, selon les autres... et pour les sceptiques, un *monteur de bobards* qui faisait bien de profiter de la crédulité des poires.

A plusieurs reprises, certaines commères du quartier, soit par curiosité, soit par cré-

— 61 —

dulité, s'étaient présentées, 28, rue du Ranelagh pour, selon leur expression, se faire
dire la bonne aventure...

Mais le fidèle Achab qui remplissait les
fonctions d'huissier, ayant montré aux visiteuses un carton sur lequel il était indiqué
que le prix de la consultation était de
cinq cents francs, nos braves bonnes femmes
s'étaient enfuies précipitamment, en décla-
rant qu'elles n'étaient pas de celles dont on
se paye la tête et que ce Cagliostro n'était
qu'un vulgaire mystificateur.

Bientôt, dans le quartier, on ne s'occupa
plus de lui que pour en plaisanter ou pour
faire peur aux enfants envers lesquels il
remplaçait avantageusement Croque-mitaine.

Mais bientôt on vit la clientèle chic
affluer.

Sans doute s'était-il mis en règle avec la
Préfecture de Police et disposait-il de hautes
influences grâce auxquelles il pouvait se
livrer en toute liberté à ses expériences et à
ses jongleries ?...

Toujours est-il que chaque jour, à partir
de l'après-midi, de magnifiques autos sta-
tionnaient devant le trottoir... Elles appartenaient toutes à des femmes du meilleur
monde, dont le prétendu savant avait habilement su composer sa clientèle.

Le plus étonnant de l'histoire, c'est que jamais encore il n'avait fait une mécontente...

Toutes ces dames, enchantées de leur
Mage, ainsi qu'elles l'appelaient, étaient unanimes à reconnaître qu'il ne les avait jamais
induites en erreur et que toujours, qu'il
s'agît du passé, du présent ou du futur, leur
avait révélé la vérité...

Aussi, chaque jour, voyait-il grandir l'af-
fluence des visiteuses... si bien que dans les
salons, dans les cercles et dans le tiers des
réunions mondaines de notre capitale, on
n'entendait plus parler que de ce personnage...

Le bruit même avait couru avec persis-
tance qu'une souveraine d'une nation euro-
péenne n'avait pas hésité à avoir recours à
ses offices et qu'elle s'en était déclarée enchantée...

Aussi devait-on s'inscrire plusieurs jours
à l'avance, avant de pouvoir obtenir une au-
dience du maître... et assez souvent même,
était-elle refusée.

Le mage sélectionnait de plus en plus ses
habituées.

Marie-Thérèse ignorait ce détail, lorsque, à
l'heure dite, elle se présenta chez Cagliostro.

Sans cela, elle eût été plus que surprise
de constater que le sorcier mondain mettait
un tel empressement à lui répondre...

Certes, le nom de son mari commençait à
se répandre, mais il ne justifiait pas de la
part du devin un accueil aussi prompt.

Malgré tout, lorsqu'elle sonna à la grande
porte d'entrée, en fer forgé, qui se dessinait
sur de très épais carreaux de teinte rouge,
éprouvait-elle un petit pincement au cœur.

La porte s'ouvrit aussitôt.

Le nègre Achab s'inclina devant la visi-
teuse et la fit pénétrer dans un vestibule
pavé de mosaïques et entouré de statues qui
représentaient, par d'exacts et artistiques
moulages, celles que l'on retrouva au cours
des fouilles accomplies à Delphes... il y a
quelques années.

D'un geste, Achab montra à Mme Guervé
une petite table de marbre qui supportait une

coupe d'albâtre contre laquelle s'appuyait un carton rouge d'où se détachaient ces mots en lettres d'or :

On est prié de remettre sa carte au valet de pied.

Marie-Thérèse s'exécuta aussitôt.

Après s'être emparé du bristol, Achab se dirigea vers le fond du vestibule où, devant un épais rideau de velours rouge, Cham et Japhet, en grande livrée, se tenaient immobiles, les bras croisés sur la poitrine.

Ainsi qu'on le constate, Cagliostro n'avait rien négligé pour que, dès son entrée dans la maison, une mise en scène impressionnante en imposât tout de suite au visiteur.

Après avoir remis la carte de Mme Guervé à Japhet, qui disparut aussitôt derrière la tenture, Achab revint vers la femme du dessinateur et lui indiqua une sorte de chaise curule garnie de moelleux coussins sur lesquels elle s'installa.

Mais l'attente ne fut pas de longue durée.

Deux minutes à peine s'étaient écoulées, que Japhet revenait, et, à l'aide d'une mimique respectueuse et déférente, faisait comprendre à Marie-Thérèse qu'elle n'avait qu'à le suivre.

Le rideau rouge parut s'écarter de lui-même devant eux...

Ils se trouvèrent alors dans un second vestibule beaucoup plus petit que le second et auquel aboutissait un escalier de marbre rose, assez étroit, que n'ornait aucune balustrade et qui s'ouvrait en tournant entre deux murs lisses, également en marbre.

Une lueur très douce l'éclairait, sans qu'il fût possible d'expliquer sa provenance.

Ils arrivèrent ainsi jusqu'à un palier de six mètres carrés environ et dont les murs étaient décorés des signes du zodiaque...

Une sorte de portique de style grec s'élevait au fond, muni de grille dorée aux barreaux très rapprochés.

Toujours comme par enchantement, la grille s'ouvrit devant eux.

Ils pénétrèrent alors dans une pièce du même style où se trouvaient plusieurs lits de repos.

Des brûle-parfums répandaient autour d'eux leurs senteurs pénétrantes.

Enfin, soulevant une draperie bleue et toute nimbée d'étoiles d'or, Japhet fit franchir à Mme Guervé le seuil du cabinet où le mage Cagliostro tenait ses assises.

Jamais peut-être encore la jeune femme n'avait éprouvé un aussi vif étonnement.

Elle s'attendait à se trouver en face d'un homme vêtu d'une façon bizarre, presque à la façon des astrologues de légende, ou des sorciers du moyen âge, entouré d'un tas d'objets et d'instruments bizarres...

Pas du tout. Le cabinet de consultation, très sobrement, mais très artistiquement décoré, ressemblait beaucoup plus à celui d'un homme de lettres qu'à celui d'un intermédiaire de l'au-delà.

Les murs disparaissaient presque entièrement sous des rayons de bibliothèque chargés de livres aux reliures magnifiques.

Sur quelques jolis meubles modernes, des vases remplis de fleurs rares... et enfin, debout, souriant, accueillant, un homme auquel il eût été difficile de fixer un âge, tant sous ses cheveux grisonnants, presque blancs, sa figure entièrement rasée de près, demeurait d'une étonnante jeunesse.

Sans son nez, par trop accentué, qui détruisait l'harmonie de ses traits, il eût même été très beau.

Mais ce défaut physique disparaissait aussitôt... Et le regard de cet homme, regard d'une profondeur et d'une acuité surprenantes, mais aussi d'une bienveillance charmante, effaçait aussitôt ce qu'il pouvait avoir, au premier abord, d'intimidant et même de redoutable.

Il était vêtu d'un complet d'une rare élégance qui faisait valoir sa ligne, toute de distinction et de souplesse...

Pas une bague ; seule, une perle d'un magnifique orient ornait sa cravate.

Cagliostro — appelons-le ainsi, puisque c'était là le nom qu'il s'attribuait — fit deux ou trois pas vers sa cliente.

On eût dit un médecin très mondain et, par conséquent très affable, qui recevait une cliente et se préparait, le sourire aux lèvres, quand bien même fût-elle très malade, à la convaincre qu'elle n'était atteinte que d'une indisposition très légère.

— Monsieur, crut devoir dire Marie-Thérèse, je vous remercie d'avoir répondu si promptement à ma requête.

— Mais madame, c'est tout naturel ! répliquait Cagliostro d'une voix au timbre agréable et clair... Je n'avais, aujourd'hui, de rendez-vous qu'à partir de trois heures... On déjeune si tard, à notre époque, que je me suis empressé d'accéder à votre désir !

Du ton le plus naturel du monde, il ajouta :

— Je sais que vous avez des choses très graves à me dire.

Et tout en lui montrant un siège qui était placé en face d'une table entièrement nue, il invita :

— Veuillez vous asseoir, madame.

« Je commence par vous dire que je ne vous poserai aucune question.

« Vous êtes, en effet, de ces âmes qui s'ouvrent comme un livre...

« Je vais donc commencer, si vous le voulez bien, par feuilleter la vôtre.

De plus en plus stupéfaite, Marie-Thérèse répliquait :

— Monsieur, je suis à votre discrétion.

— Auparavant, laissez-moi vous prier de reprendre tout votre calme. J'ai besoin que le miroir de votre âme ne soit brouillé par aucun souffle, par aucun voile...

« En ce moment, vous n'en revenez pas de vous trouver en face d'un homme qui ne soit pas coiffé d'un bonnet pointu... revêtu d'une robe noire à larmes d'or et d'argent... et autour duquel on ne voit aucun de ces appareils de physicien ou plutôt de charlatan dont, depuis les temps reculés ont l'habitude de s'entourer ceux qui font profession de prédire l'avenir...

« Moi, madame, mon pouvoir est en moi ; toute ma science est dans ces livres...

« Si vous voulez y jeter un coup d'œil, vous constaterez que ce sont tous des ouvrages de philosophie, de chimie, et de médecine...

« Vous n'y rencontrerez aucune de ces œuvres qui ont trait aux sciences dites occultes.

« Il n'y a pas de science en occultisme.

« Le don que je possède ne s'acquiert pas, on l'a en naissant... Sans aucun doute il a une origine analogue à celle de ces forces que l'homme exploite empiriquement, sans les connaître, telles que l'électricité, par exemple.

« Je puis vous dire que, dès que j'ai pu penser et dire quelques mots, mes parents ont été littéralement terrorisés par certains propos que je leur tenais et qui leur prouvais que j'étais au courant d'événements qui s'étaient passés bien longtemps avant ma naissance et que je n'avais jamais entendus raconter par personne...

« J'allais même jusqu'à leur faire des prédictions qui les faisaient tordre de rire... par exemple, qu'une de mes tantes se casserait dans trois jours une jambe dans l'escalier... qu'un tel serait arrêté pour avoir volé des pommes dans le verger de M. le curé...

« Et cela se réalisait... à leur profonde stupeur !

« En grandissant, ces facultés s'accentuèrent à un tel point que mes parents consultèrent un médecin du pays qui haussa les épaules et commença par me traiter de petit badin, de petit farceur.

« Cependant, malgré son scepticisme, il fut bien obligé de se rendre à l'évidence, tant se répétaient les manifestations du don mystérieux que j'avais reçu en naissant.

« Il en parla à l'un de ses collègues parisiens qui consentit à m'examiner.

« Il ne découvrit, en moi, aucune tare physique, aucune déformation cérébrale.

« J'étais absolument normal.

« Il me mit en observation, et ainsi que le lui avait dit son ami, il fut obligé d'admettre que j'étais un véritable phénomène, et il voulut me présenter lui-même à l'Académie des sciences.

« Mais mes parents étaient des gens très simples... Mon père était un homme timoré, modeste.

« Il redoutait que la célébrité que je pouvais acquérir d'un moment à l'autre ne le forçât à quitter ce coin de terre provençale où il était né et où il n'aspirait qu'à vivre et à mourir.

« Ma mère, encore plus superstitieuse que croyante, la pauvre chère, se refusait énergiquement à ce que l'on racontât qu'elle avait un fils qui possédait le don de double vue, tant elle avait peur que ce fût l'Esprit malin qui habitât en moi.

« Lorsque nous revînmes au pays, persuadée que j'étais possédé du diable, elle me fit examiner par le curé... sans obtenir, d'ailleurs, le moindre résultat, et je continuai à lire dans le passé, dans le présent, dans l'avenir.

« Mais, curieux détail que je n'ai jamais pu m'expliquer, bien qu'il ait été et soit encore de ma part l'objet de nombreuses recherches, si j'ai toujours eu le don de lire dans les autres, je n'ai jamais pu lire en moi-même...

« Bien que je sois convaincu de la transmission des âmes, il m'a toujours été impossible de découvrir la moindre trace de mes existences passées, pas plus que je n'ai réussi à obtenir la moindre indication de ce que seront mes existences futures.

« Mais n'insistons pas sur ce sujet qui nous entraînerait trop loin.

« Cependant, comme je tiens à ce que vous me connaissiez bien, et c'est la seule façon pour moi de réaliser les intentions de confiance envers moi que je découvre en vous, je dois en quelque sorte vous raconter ma vie... en attendant que je vous raconte la vôtre.

« Tant que mes parents ont vécu, je suis resté dans ma province... car mon père, j'avais oublié de vous le dire, était marchand de blé, et naturellement il désirait me voir lui succéder.

« Moi, au contraire, j'étais animé du désir irrésistible de développer le privilège extraordinaire dont m'avait gratifié la nature, non pas seulement en m'instruisant par la lecture, mais par les voyages...

« Je voulais me rendre compte si les pays qui semblaient tout à coup surgir dans mon imagination, étaient bien tels que celle-ci me les représentaient, et j'espérais encore, en parcourant des mondes que je n'avais jamais vus et que pourtant j'avais l'impression d'avoir déjà visités, mettre de l'ordre dans le bouillonnement d'un cerveau qui ne me laissait pas de trêve.

« Ma pauvre mère s'en fut la première...

« J'avais tenu à adoucir ses derniers moments en lui affirmant que j'avais perdu cette faculté qui la torturait si cruellement, puisqu'elle l'attribuait à la malice du démon ! Grâce à ce pieux mensonge, elle mourut en paix !

« Mon père la suivit bientôt en me recommandant de continuer son commerce, qui lui avait donné l'aisance et pouvait me procurer la fortune.

« Pendant quelque temps, je m'efforçai d'obéir à sa dernière volonté... Mais ce fut impossible.

« Bientôt, je compris que je m'épuiserais en une lutte où j'étais certain de succomber, et je vendis un très bon prix la maison de commerce paternelle. J'avais alors vingt-deux ans.

« Ce que je suis devenu, madame, il me faudrait des heures et des heures pour vous narrer toutes mes aventures.

« Je vous avouerai simplement, qu'en dehors des deux pôles, aucune partie du monde n'est par moi ignorée.

« Au cours de ces voyages, j'ai passé par toutes les épreuves... je dirai même que je les ai provoquées...

« Cela m'était indispensable pour obtenir l'entière maîtrise de moi-même dont j'avais besoin encore pour exercer *officiellement*, et aussi bien qu'un médecin et peut-être mieux que lui, ce que j'ai le droit d'appeler mon ministère. Afin que nul ne pût m'inquiéter, j'ai fait mes études de médecine.

« J'ai passé ma thèse et j'ai été reçu docteur sous mon vrai nom, que depuis ce temps j'ai jugé inutile de divulguer.

« Voilà pourquoi dans la publicité que je suis obligé de faire dans les journaux, j'ai le droit de dire que ma méthode est uniquement, purement scientifique...

« Mais je défie à tout autre que moi de pouvoir s'en servir utilement.

« Seul, j'ai le légitime orgueil de le prétendre, oui seul, depuis « Cagliostro » qui possédait le même don que moi, et qui n'était pas l'aventurier que l'on a prétendu, mais un savant de génie. J'ai le triple pouvoir de scruter le passé, le présent et l'avenir... et de donner à ceux qui me consultent les conseils qu'ils veulent bien me demander, et cela, je vous l'assure... uniquement pour le bien de l'humanité...

« Si je me fais payer... cher et même très cher selon le cas... ou plutôt les personnes, ce n'est nullement par esprit de lucre.

« En effet, au cours de mes voyages, j'ai acquis des biens assez considérables, pour qu'il me soit permis de vivre somptueusement et en toute indépendance...

« Mais j'ai tenu à éliminer les petits et de ne conserver que l'élite... car, à l'heure actuelle, les dirigeants n'ont jamais eu un aussi grand besoin d'être dirigés !

« Ma clientèle, pour l'instant, est presque exclusivement féminine... Mais je ne doute pas que d'ici peu, devant les résultats obtenus, un certain nombre de hautes personnalités masculines ne viennent me consulter.

« Ainsi, madame, il y a quelques semaines, dans le fauteuil où vous êtes assise, un personnage politique français, très connu, était là...

« Il voulait savoir s'il serait réélu... Je lui ai répondu qu'il serait mis en ballottage... ce qui était à prévoir, et qu'au second tour de scrutin, il aurait cinq cent vingt-deux voix de moins que son adversaire...

« Il m'a demandé pourquoi ?... Je lui ai répondu :

« — Parce que je le vois !

« En effet, madame, tandis qu'il me parlait, je voyais, affichés sur la porte, les résultats de l'élection. Il est parti en haussant les épaules.

« N'empêche qu'après qu'il a été battu par cinq cent vingt-deux voix, ainsi que je le lui avais prédit, il est venu me faire amende honorable et il m'a demandé à quoi j'attribuais son échec.

« Je lui ai répondu :

« — A la trahison de votre secrétaire !

« — C'est vrai ! s'est-il écrié en pâlissant.

« Et naïvement il a ajouté :

« — Vous le saviez quand je vous ai consulté pour la première fois ?

« — Oui, monsieur !

« — Alors, pourquoi ne m'avez-vous pas mis en garde contre les menées de ce drôle ?

« — Parce que je ne viens en aide qu'à ceux qui ont confiance, entièrement confiance en moi... et j'ai tout de suite compris que vous me considériez comme un aventurier et que vous regrettiez de m'avoir consulté.

« — C'est idiot ! Je vous aurais fait avoir la Légion d'honneur !

« — La croix de guerre me suffit ! ai-je répondu, en congédiant mon ministre.

Et Cagliostro conclut :

— Je suis sûr que lorsqu'il se représentera devant le suffrage universel, il reviendra me voir. Pardonnez-moi, madame, ce long discours.

— Il m'a vivement intéressée, affirmait Marie-Thérèse... avec un accent de sincérité manifeste.

— Et maintenant, parlons de vous, lançait gaiement le sorcier moderne.

« Encore un mot, cependant: m'avez-vous apporté ce que je vous ai demandé ?

— Oui, monsieur, répliquait la femme du dessinateur.

« Voici d'abord un gant qui lui appartient, et puis une lettre qu'il m'a écrite en août dernier, lorsque j'étais chez mes parents à Deauville.

— Je vous remercie, fit Cagliostro en s'emparant des objets.

Il les examina avec une certaine attention.

Puis il reprit :

— Voulez-vous me permettre de passer un instant dans mon laboratoire ?...

« Soyez tranquille, je vous restituerai cette lettre et ce gant absolument tels que vous me les avez remis.

Et tout en prenant un livre dans sa bibliothèque, il le tendit à Marie-Thérèse en disant :

— En m'attendant, lisez quelques pages de ce livre, cela vous distraira.

Tandis que le mage disparaissait, Marie-Thérèse ouvrit le volume. Il portait ce titre : *De l'amour conjugal.*

Dès les premières lignes, il mettait en garde la femme mariée contre l'adultère, plaie de la société et cause de tant de douleurs, de tant de larmes.

Avec la ferveur d'une néophyte, elle se plongea dans son livre, dont la haute tenue morale et littéraire lui plut infiniment... Elle était tellement absorbée dans sa lecture, qu'elle n'entendit, ni ne vit Cagliostro qui revenait vers elle... le visage souriant...

Un instant, il la regarda avec une satisfaction visible... Puis il fit :

— Madame...

Marie-Thérèse tressaillit, releva la tête, et, rassurée par l'attitude et la physionomie du mage, elle fit :

— J'étais tellement captivée par ces pages que vous m'avez données à lire...

— Ce livre vous plaît ?

— Il me passionne !

— Alors, permettez-moi de vous l'offrir.

— Je ne voudrais pas abuser...

— Acceptez, madame ; car il fait partie du traitement que je vais vous ordonner.

— Je vous remercie infiniment.

— Maintenant, à nous deux...

« Je commence par vous dire que les craintes que vous vous êtes forgées ne reposent sur rien.

« Votre mari, M. Guervé, ne vous a pas trompée... Il n'a jamais été, vous m'entendez, et il ne sera jamais l'amant de Marquita.

Abasourdie d'entendre Cagliostro lui tenir un pareil langage, la femme de l'artiste balbutiait :

— Oh ! monsieur... monsieur... merci !...

Mais sa stupeur allait s'accroître encore... Le mage, en effet, continuait :

— Il vous aime de toutes les forces de son être. Il n'a, pour cette danseuse qu'il a découverte, qu'un sentiment d'admiration artistique et d'amical intérêt.

« Il en est fier, comme il peut l'être, justement, de ses affiches. C'est une de ses œuvres, rien de plus.

« Voilà qui est entendu. Vous me croyez ?

— Je vous crois.

— Mais ce qui est beaucoup plus dangereux pour la paix de votre ménage, c'est l'ascendant que commence à exercer sur vous un certain comte Willy Zermatt.

— Comment ! pâlissait Marie-Thérèse, vous *savez aussi son nom ?*

Toujours souriant, Cagliostro poursuivait :

— Je sais que vous lui plaisez... et qu'il a décidé de vous envoûter... Oui, parfaitement, le mot n'est pas trop fort... de vous envoûter comme il l'a fait pour tant d'autres.

« Il s'agit de vous dérober au charme irrésistible qu'il exerce sur les femmes dont il a décidé la conquête...

« Il le faut d'abord pour votre mari, que votre trahison briserait... pour vous-même, qui avez mal aimé jusqu'ici, mais aimé tout de même le grand artiste qu'il est déjà, et le plus grand artiste que, grâce à vous, il peut être un jour.

— Vous avez raison, monsieur... affirmait Marie-Thérèse. Mais vous, qui savez tout, pouvez-vous me dire si je serai la plus forte ?

— Oui, répliquait sans hésiter le sorcier moderne... et je vais vous en donner le moyen.

« En sortant d'ici, vous allez téléphoner à M\u1d50\u1d49 Hartigot que vous n'irez pas aujourd'hui chez elle, parce que vous avez appris — mais surtout ne dites pas que c'est par moi — que le comte Zermatt devait se trouver là comme par hasard.

« M\u1d50\u1d49 Hartigot insistera vivement.

« Vous lui répondrez que vous êtes une honnête femme et que, étant donné le véritable guêpier dans lequel elle a cherché à vous attirer, vous avez décidé de cesser toute relation avec elle ; et en cas de récidive de sa part, de tout dire à votre mari.

« Vous m'écouterez ?

— Je vous le promets.

— Comme je suis content de vous, reprenait Cagliostro. Avant de nous séparer, je tiens à vous rassurer tout à fait.

« Devant votre attitude, le comte Zermatt, qui ne vous considère que comme un agréable passe-temps, un bibelot de plus à ajouter à sa collection, se mettra tout de suite en quête d'une autre maîtresse.

« Or, devinez sur qui va se fixer son choix ?

— Je suis incapable de vous le dire.

— Eh bien, je vais vous le révéler... sur Marquita.

— Est-ce possible ?

— Je vous donne rendez-vous dans huit jours, et vous verrez si je vous ai trompée...

« Alors, c'est bien entendu : coup de téléphone à M\u1d50\u1d49 Hartigot.

— En sortant d'ici, je me fais conduire au bureau le plus rapproché.

— Et dans huit jours, vous revenez ?

— Avec plaisir, monsieur. Vraiment, je ne sais comment vous témoigner ma gratitude !

— En suivant mes instructions à la lettre.

— Ce sera fait, je vous le jure.

— A la bonne heure.

— Maintenant, monsieur, voulez-vous me dire quels sont vos honoraires ?

— Chère madame, répliquait l'étrange personnage, je ne prends d'honoraires qu'à ceux que je ne veux pas revoir.

— Monsieur, je suis confuse...

— J'ai raccommodé un ménage et fait deux heureux. Voilà des honoraires tels que je voudrais bien en toucher tous les jours.

Marie-Thérèse interrogeait :

— M'autorisez-vous à mettre mon mari au courant de ma démarche auprès de vous ?

— C'est inutile ! Cela pourrait le troubler, au moment où il doit au contraire être pleinement persuadé qu'il reconquis toute votre confiance...

« Un jour, quand tout sera bien rentré dans l'ordre, c'est-à-dire bientôt, eh bien ! vous me l'amènerez, ce peintre de talent, et je serai ravi de faire sa connaissance.

Marie-Thérèse tendit la main à celui qu'elle considérait comme son sauveur.

Respectueusement, il l'effleura de ses lèvres...

Puis, il la conduisit jusqu'à une petite porte qui donnait dans une sorte d'escalier dérobé.

— Vous n'avez qu'à descendre ces marches, fit-il, mon serviteur Sam vous montrera la porte de sortie.

M᷍ᵐᵉ Guervé s'éloigna en songeant :

« Cet homme est prodigieux ! Ce n'est pas un sorcier, ce n'est pas un savant, c'est un apôtre et un prophète ! »

Quant à Cagliostro, dès qu'il fut rentré dans son bureau, sa figure prit soudain une expression de colère froide et de cruauté implacable...

Et tout en s'installant devant sa table, il fit :

— Ah ! c'est ainsi, monsieur Willy, que vous voulez agir à votre fantaisie... Eh bien, vous allez savoir de quel bois votre papa se chauffe.

VI

OÙ L'ON VOIT QUE LE COMTE WILLY ZERMATT N'EST PAS PRÉCISÉMENT MAÎTRE DE SES ACTIONS.

La propriété de Fontainebleau dans laquelle s'était installé Willy Zermatt, était l'un des plus belles des environs.

Elle consistait en un vaste pavillon Louis XVI, presque un château, et en un parc de deux hectares qui communiquait directement avec la forêt.

Malgré tous les agréments qu'elle comportait et les relations que le beau Willy avait su se créer très promptement parmi les gens chics du voisinage, le don Juan des grands bars ne s'y plaisait guère, et très fréquemment, après avoir été prendre des nouvelles de sa femme à la maison de santé de Bouron, où la malheureuse faisait une cure d'isolement, le beau Willy, dans sa 11 HP six cylindres, qu'il pilotait lui-même avec la maestria d'un professionnel, se rendait à Paris, où il possédait une discrète et élégante garçonnière au rez-de-chaussée d'un riche immeuble de la rue Lincoln.

Deux jours après les événements que nous venons de décrire, il y était arrivé vers trois heures de l'après-midi... et aussitôt, il avait demandé Mᵐᵉ Hartigot au téléphone...

— Rien de nouveau ? avait-il interrogé...

La grande couturière, qui devait avoir des raisons de ménager Willy, s'était bien gardée de lui faire part de la communication que Mᵐᵉ Guervé lui avait faite, ainsi qu'elle l'avait formellement promis à Cagliostro.

Mentant effrontément, ainsi qu'elle le faisait chaque fois qu'elle le jugeait utile, elle lui avait simplement déclaré que la femme du dessinateur lui avait fait savoir qu'elle était souffrante et qu'elle ne pouvait, à son vif regret, venir au rendez-vous qu'elle avait pris la veille avec elle.

Zermatt s'était contenté de cette explication, somme toute très raisonnable...

Mais il avait voulu prendre lui-même des

Nouvelles de celle qu'il attendait avec une fébrile impatience.

Mⁿᵉ Hartigot lui avait fait remarquer qu'il n'était pas correct qu'il s'enquît de la santé d'une femme dont il ne connaissait pas le mari.

— C'est très juste, reconnaissait le bellâtre...

Et voilà pourquoi, étant sans nouvelles depuis quarante-huit heures, et de plus en plus, non pas amoureux, car il en était incapable, mais désireux de retrouver rapidement celle qu'il avait décidé de prendre pour maîtresse, en arrivant dans sa garçonnière, il s'était précipité sur l'appareil.

A sa vive déception, Mⁿᵉ Hartigot, qui tenait à gagner un de temps, lui déclarait :

— Elle va mieux, mais elle est très fatiguée, très surmenée, et le médecin a exigé quelques jours de repos à la campagne...

« Elle est partie ce matin avec son mari pour huit jours, chez ses parents qui ont un château, je ne sais où, aux environs de Chantilly, je crois.

Mⁿᵉ Hartigot, cette fois, sauf que Marie-Thérèse ne s'était jamais si bien portée, disait la vérité.

Mⁿᵉ Guervé, en rentrant chez elle, ainsi que cela avait été convenu avec le mage, s'était jetée dans les bras de son mari et lui avait demandé pardon de l'avoir soupçonné, en des termes tellement pleins d'élan, que Jacques lui avait immédiatement déclaré qu'il ne restait plus rien de l'incident fâcheux qui s'était élevé entre eux ; et, pour achever de dissiper le nuage dont leur bonheur avait été assombri, tous deux, d'un commun accord, avaient décidé de se rendre au château de Marolles, dans l'Oise, où M. et Mⁿᵉ Castalot ne cessaient de les réclamer.

Jacques pourrait emporter son travail, et Marie-Thérèse, qui avait résolu d'être désormais pour lui la vraie compagne qu'elle aurait dû toujours rester, s'en fut, la conscience libérée, l'âme en repos, le cœur tout à son amour retrouvé et bénissant en secret ce cher Cagliostro, dont les conseils venaient de la sauver du naufrage.

En revanche, le coup de téléphone de la grande couturière provoquait chez le comte Zermatt une mauvaise humeur très accusée.

— C'est bon, je vous remercie, fit-il sèchement dans le fil.

Mⁿᵉ Hartigot répliquait :

— Vous êtes fâché contre moi ?

— Pas du tout ! ripostait Willy... je trouve seulement que ça traîne beaucoup trop...

— Vous avez été tellement gâté, répliquait l'entremetteuse, que vous voudriez voir tous vos vœux immédiatement exaucés...

« Allons, un peu de patience... N'êtes-vous pas invincible ?

« Huit jours de patience, ce n'est pas bien long... et vous verrez que tout ira bien.

Willy Zermatt, avec son expérience de conquérant professionnel, lançait :

— Si cette petite tenait autant à moi que vous le prétendez, elle n'aurait jamais consenti à partir...

— Une femme mariée ne fait.pas toujours ce qu'elle veut, affirmait avec non moins de raison Mⁿᵉ Hartigot.

— Cela dépend... scandait Zermatt... Enfin, c'est bien ennuyeux...

« Au revoir, madame Hartigot...

— Au revoir, mon cher ami... Venez donc bavarder avec moi, lorsque vous aurez cinq minutes.

— Entendu !

Willy raccrocha l'appareil... Il était furieux...

— Je crois, grommela-t-il, qu'elle m'a fait marcher... En attendant, je vais aller faire un tour jusqu'au *West-Club*.

Il se retourna... Un cri lui échappa :

— Vous !

A sa grande stupeur, il venait tout à coup de se trouver en face d'un prêtre, ou plutôt un vieux missionnaire au crâne brûlé par le soleil et entouré d'un cordon de cheveux qui, coupés très ras, entourait sa tête.

Une grande barbe couvrait sa poitrine ; sa soutane râpée, ses souliers énormes et son front balafré achevaient d'en faire le type de l'apôtre moderne du colonial.

— Ah çà ! grommela Willy, auquel l'apparition soudaine de cet ecclésiastique à la physionomie et aux allures de pionnier de la civilisation religieuse dont le martyrologue catholique a le droit de s'enorgueillir, semblait infiniment désagréable... Comment avez-vous pu entrer ici sans que je m'en aperçoive.

Fixant son interlocuteur d'un regard perçant, profond et railleur, le missionnaire répliquait :

— Vous savez bien que le Père Ardenay a le droit de pénétrer chez vous à l'heure qui lui convient.

— Même à l'aide de fausses clefs ?

— A l'aide de tous les moyens.

Et le missionnaire, qui paraissait exercer sur le don Juan des grands bars un ascendant considérable, ajouta :

— Il y a un certain temps que nous ne nous étions vus.. J'ai pas mal de choses à vous dire...

« Ici, on peut parler sans être entendu ?

— Rien à craindre, déclarait Willy... j'ai pris la précaution de faire placer contre les murs des cloisons de liège.

— Sans doute parce que vous vous attendiez à ce que je viendrais vous trouver ici ?

— Non, parce que je ne voulais pas être gêné par les voisins.

— Je puis m'asseoir ? interrogeait le prêtre.

— Je vous en prie...

Le Père Ardenay s'installa dans un fauteuil.

Tandis que Willy, visiblement ennuyé par cette visite imprévue, gardait un silence embarrassé, son hôte reprenait avec un calme, une froideur qui ajoutaient encore à la gêne du bellâtre :

— Je suis très mécontent de toi...

— Pourtant, observait Zermatt, vous ne me dites plus « vous ».

Et il ajouta, sur un ton de raillerie un peu contrainte :

— Et moi qui me figurais que c'était bon signe !

Sévèrement, le Père Ardenay reprenait :

— Je te dispense de ce ton persifleur que tu as moins que jamais le droit d'employer avec moi.

« Si je suis ici, c'est pour te parler de choses extrêmement sérieuses et te ramener dans un chemin dont tu n'aurais jamais dû t'écarter.

« En ce moment, tu te conduis comme un éterneau.

— Ce n'est pas ma faute s'il nous est arrivé un accident qui m'a empêché d'exécuter ves instructions jusqu'au bout.

— Alors, martela le Père Ardenay, tu étais bien décidé à la tuer ?

— Dès qu'elle aurait fait le testament que vous désiriez et qui me mettait en possession de toute sa fortune.

— Bien !

Et retirant de l'une des poches de sa soutane une enveloppe cachetée qu'il montra à Willy, l'étrange et impassible missionnaire fit :

— Ce testament, le voici !

— Que me dites-vous là ? s'exclamait le bellâtre.

— Cette enveloppe, scandait le Père Ardenay, contient les dernières volontés de ta femme... notamment la clause que je voulais.

— Alors, elle me laisse tous ses biens ?

— Tiens !

— Vous êtes sûr ?

— Parbleu ! puisque c'est moi qui ai rédigé ce testament d'un bout à l'autre et l'ai signé pour elle.

Effaré, Willy se taisait.

L'homme en soutane poursuivait :

— Cela m'a pris beaucoup de temps... donné énormément de mal, mais enfin c'est bien réussi.

« L'expert le plus avisé ne saurait nier qu'il a été rédigé à Nice, à la date du 27 mars dernier, et entièrement écrit de la main de ta femme.

— C'est ce que j'ai peut-être fait de mieux dans toute mon existence.

« Alors, maintenant, il ne s'agit plus que d'envoyer Gisèle dans l'autre monde.

Blême, la voix sifflante, les mains agitées d'un tremblement convulsif, le comte Zermatt murmurait :

— Et c'est moi que vous avez choisi pour cette besogne ?

— Non ! car décidément, tu es trop maladroit.

— Qui, alors ?

— J'agirai seul.

— J'aime mieux cela ! fit le bellâtre entre ses dents.

Le faux missionnaire qui, ainsi que nous le verrons tout à l'heure, n'était autre que l'un des plus atroces bandits qui aient jamais existé, reprenait avec une tranquillité effarante.

— Tout à l'heure, nous allons partir pour Fontainebleau. Tu me présenteras comme un vieil ami de ta famille et tu me laisseras une minute avec Gisèle... et demain matin, son infirmière la trouvera morte dans son lit...

— Vous ne craignez pas...

Le regard du pseudo-Père Ardenay devint soudain terrible... et avec un accent non moins effrayant, il fit :

— Non, je ne crains rien, et tu devrais le savoir mieux que personne.

— Eh bien, partons ! fit le bellâtre, qui semblait n'être entre les mains de ce mystérieux personnage qu'un pantin dont celui-ci tirait toutes les ficelles.

— Pas encore ! j'ai d'autres instructions à te donner...

« D'abord, tu vas me faire le plaisir de renoncer à poursuivre de tes assiduités cette M⁰⁰ Guervé.

— Comment ! vous savez ?...

— ... Que tu as voulu prendre cette petite pour maîtresse, et que tu as eu recours aux services de cette gueuse de mère Hartigot pour arriver à tes fins...

« Celle-là, je lui garde un chien de ma chienne.

Constatant que Zermatt le considérait avec un certain effarement, le faux Père Ardenay reprenait :

— Ah çà ! est-ce que tu te figures que je n'ai pas toujours un œil sur toi ? fort heureusement, d'ailleurs... car si je n'étais pas là, ah ! mon pauvre garçon, il y a longtemps que tu aurais eu maille à partir avec la justice de ton pays, qui t'aurait certainement envoyé faire un petit tour du côté de la Guyane.

Et d'un ton âpre, il ajouta :

— Plus que jamais, tu dois aveuglément obéir... Encore une étape, et nous toucherons au but que j'ai résolu d'atteindre.

« Tu me remercieras alors d'avoir courbé ta volonté sous le joug de la mienne.

« Maintenant, écoute-moi bien... Ce que j'ai à te dire est de la plus haute importance.

Et l'homme abominable demanda :

— Connais-tu la danseuse qui vient de débuter au Moulin-Rouge et qui a obtenu un très grand succès ?

— Voudriez-vous parler de Marquita ?

— C'est cela même.

— Eh bien, il faut qu'avant un mois... tu sois son amant.

— Cè n'est pas une corvée désagréable, ricanait cyniquement le don Juan des grands bars. Mais, puis-je savoir pourquoi vous voulez que j'obtienne les bonnes grâces de cette charmante enfant ?

— Pour l'instant, je ne puis te le révéler, mais tu ne tarderas pas à le savoir.

— Et vous dites que c'est la dernière étape ?

— Oui, la dernière ! fit le misérable, dont les yeux s'embrasèrent d'une flamme infernale.

Et il ajouta :

— Et maintenant, en route !

. . . .

Quel était donc ce bandit que nous venons de voir dans l'exercice de ses atroces fonctions ?

Ceux qui ont lu nos autres ouvrages : *Les martyres de Paris, le don Juan des grands bars, Du dancing au trottoir, Seule avec son cœur, le Bourreau des femmes* et *Connais-tu l'amour ?* l'auront certainement reconnu.

Pour les autres, résumons en un très bref résumé le pedigree de ce sinistre individu.

Tour à tour banquier véreux, condamné aux travaux forcés à perpétuité, évadé du bagne, reparaissait à Paris sous le nom, sous les traits d'un certain baron Mirador, vite proclamé roi des snobs, à la veille d'être démasqué ; se faisant passer pour mort, reparaissant sous le nom de docteur Miracle, s'éclipsant une deuxième fois, pour reparaître sous les traits du Père Ardenay, missionnaire de l'ordre de la Miséricorde, ce bandit formidable, dont le nom véritable était Jacques Villard, ne s'était pas contenté de collectionner les crimes les plus effroyables, il avait encore réussi à associer son fils à ses forfaits... Et ce fils n'était autre que le comte Willy Zermatt.

Doué d'un véritable génie criminel, Jacques Villard avait, grâce à son habileté de faussaire et à certains collaborations occultes dont nul n'avait jamais percé le mystère, réussi à fabriquer tous les états civils et pièces diverses qui établissaient les différentes personnalités qu'il avait dû endosser.

Il avait procuré à son fils Robert, dont les instincts pervers s'étaient d'ailleurs manifestés depuis ses premières années, un état civil qui en faisait l'unique rejeton d'une vieille famille des Balkans dont les ancêtres, au XVIIIᵉ siècle, avaient régné sur l'Hespérie, pays situé entre la Roumanie et la Russie, mais dont la dynastie s'était en réalité éteinte depuis la disparition du dernier comte Zermatt authentique, qui s'était bravement fait tuer en 1914 en combattant dans les rangs de l'armée française et dont la veuve n'avait pas tardé, broyée, minée par le chagrin, à mourir aussi.

Doué d'appétits sans limites et d'ambitions effrénées, Jacques Villard était devenu le véritable Méphistophélès de ce *Faust* contemporain.

Il était parvenu sans peine à détruire en lui ce qu'il y avait de bon... et qu'il devait à ses grands-parents maternels, de braves gens qui s'étaient efforcés d'en faire un honnête homme, et étaient morts de chagrin en constatant un jour que Robert était parti de chez eux en emportant vingt mille francs.

Mais à son vif regret, le bagnard évadé avait constaté que son fils n'aurait jamais son envergure.

Naturellement paresseux, gâté par les faciles conquêtes que lui valait son beau physique, Robert eût certainement préféré vivre une existence tranquille que de se lancer dans des aventures aussi dangereuses que compliquées dans lesquelles son père l'entraînait.

Après avoir épousé la fille du riche banquier Navarrens, qui lui apportait déjà un nombre respectable de millions, il n'eût pas mieux demandé que de goûter en paix les joies d'une existence somptueuse et exempte de graves péripéties.

Mais le bagnard qui, à ce moment, sous le nom de baron Mirador, régnait en maître absolu sur cette coterie aussi imbécile que malfaisante que formaient les snobs, avait exigé que Robert s'emparât de la fortune, la lui remît et qu'ensuite, à l'aide d'un chantage dont il était l'inspirateur, il obtînt que sa femme acceptât de divorcer et fît même défaut au procès.

Robert, mué en comte Zermatt, avait dû obéir aux exigences paternelles.

Jacques Villard le tenait si puissamment... Il n'avait qu'un mot à dire pour que, dépouillé de son nom et de son titre, le don Juan des grands bars ne retombât dans la boue dans laquelle, avant qu'il eût retrouvé son père, il était en train de s'enliser.

Mais ce sacrifice très réel — car, sans aimer sa femme, pas plus que l'enfant qu'il avait d'elle, le beau Willy, qui, suivant son expression, n'éprouvait pas le besoin de « changer de tiroir » — n'avait pas suffi à Mirador.

Il avait jeté son dévolu pour son fils sur la fille du roi du caoutchouc, le richissime Américain Herbert Broodlige.

Cette fois; il s'était heurté à de grandes difficultés...

Si la charmante miss Norma avait été, comme tant d'autres, fascinée par le séducteur irrésistible qu'était le comte Zermatt, son père s'était nettement opposé à ce mariage.

Alors, Jacques Villard n'avait pas hésité, il avait assassiné sir Broodlige.

Contrairement à ses prévisions, cet acte abominable n'avait fait que grandir, solidifier l'obstacle qu'il voulait supprimer.

En effet, un ami du milliardaire, l'habile détective américain Douglas Wilson, avait fini par savoir la vérité...

Jacques Villard allait être arrêté, lorsque, flairant le péril, il avait simulé une mort subite et réussi à faire déposer en grande pompe le cercueil dans lequel il était censé avoir été enseveli dans un caveau du cimetière Montparnasse, au-dessus duquel ses admirateurs et amis du cercle du *West-Club* lui avaient élevé un monument.

Grâce à l'intervention du curé de Beaugency, ami et confident des grands-parents de Robert, miss Norma, ainsi que sir Douglas Wilson, avaient consenti à ne point porter plainte contre le faux comte Zermatt, à la condition que celui-ci s'engagerait à disparaître et s'en allât loin, très loin se racheter, se rénover par une existence de travail et d'honneur.

Robert, qui, foudroyé par la disparition de son père, que lui aussi croyait mort, tomba gravement malade, et demeura dans un état d'autant plus profond, qu'il ignorait ce que son père avait fait de la fortune qu'il s'était appropriée.

Il s'était laissé emmener à la campagner par le curé de Beaugency, l'abbé Morel... .

Qui sait si, sous l'influence de ce saint homme, il n'eût pas tenu l'engagement qu'il avait pris envers miss Norma et le détective, c'est-à-dire de s'en aller aux colonies ?

Complètement rétabli, il était sur le point de partir, lorsqu'il se rencontra avec les dames de Calabert... Nous avons vu plus haut comment avait tourné l'aventure...

Mais hâtons-nous de dire que c'était Villard-Mirador qui, ressuscité sous les traits d'un certain docteur Miracle, en avait tenu tous les fils, et que pas plus il n'avait hésité à supprimer le comte de Calabert qu'à fabriquer de toutes pièces un testament qui déshéritait entièrement la comtesse, et laissait à Gisèle une fortune de soixante millions.

Pourquoi, objectera-t-on, miss Norma et Douglas Wilson n'avaient-ils pas démasqué le fils du bagnard, qui avait eu la cynique audace de reparaître à Paris sous le nom du comte Zermatt ? Oh ! c'est bien simple !

Le docteur Miracle avait, comme toujours en pareil cas, eu recours au chantage...

Il avait fait savoir à miss Norma qu'il était en possession de documents qui prouvaient que son père, l'ex-roi du caoutchouc, avait acquis son immense fortune par des moyens illégaux et même criminels.

Bien qu'elle ne doutât pas de l'innocence de son père, miss Norma, qui n'ignorait pas le mot célèbre de Beaumarchais : « Calomniez, calomniez, il en restera toujours quelque chose », s'était d'autant plus effrayée de cette menace, qu'elle était à la veille d'épouser un jeune avocat, Mᵉ Henri Brévannes, qu'elle aimait et dont elle était aimée avec la même intensité de sentiments, avec la même sincérité de tendresse.

D'accord avec Douglas, il avait été entendu que l'on garderait le silence et qu'on laisserait le comte Zermatt épouser Mlle de Calabert.

Mais Douglas Wilson ne s'était nullement tenu pour battu.

Avec sa prodigieuse habileté, jointe à un courage calme et sans limites, aidé par sa secrétaire, miss Ruth Lawers, il avait fini par découvrir que le docteur Miracle n'était autre que Jacques Villard.

Celui-ci, véritable anguille, avait encore réussi à lui glisser dans les mains et à arrêter les poursuites du détective américain à l'aide de cette arme dont il savait toujours se servir avec une astuce incomparable : le chantage !

L'ex-bagnard avait appris, comment ?... lui seul eût pu le dire... que sir Douglas Wilson, que nous verrons bientôt apparaître dans ce récit, avait été autrefois l'amant d'une femme mariée, qu'il avait eu d'elle un enfant... une fille... que cette fille avait été emmenée un jour en France par le détective, qui l'avait confiée à de braves gens... Que, toute petite, elle avait disparu dans des conditions demeurées inexplicables...

Alors, il s'était introduit dans le domicile du détective pendant l'absence de ce dernier, et avait réussi à lui dérober toute une correspondance de Douglas avec sa maîtresse, et qui établissait d'une façon péremptoire la véracité des faits que nous venons de rappeler...

En possession de ces documents d'autant plus compromettants qu'ils étaient exceptionnellement authentiques, il avait fait savoir au détective que si celui-ci persistait à lui faire la guerre, il n'hésiterait pas une seule minute à remettre au mari de la dame compromise toutes ces lettres, qui ne pouvaient lui laisser aucun doute sur la culpabilité de sa compagne.

Or, le mari en question était devenu l'un des personnages politiques les plus en vue des Etats-Unis.

Cela fait, le docteur Miracle, qui savait à quel adversaire redoutable il avait affaire, jugea plus prudent de faire un nouveau plongeon... et ce fut alors qu'il adopta le personnage du Père Ardenay... qu'il représentait et interprétait, ainsi que nous l'avons constaté, avec le même talent qu'il avait mis à ses autres rôles.

Quant à Douglas Wilson, malgré la terrible menace que le bandit faisait peser sur sa tête, il était toujours décidé à le démasquer.

Cependant, il jugea utile de laisser croire à ce dernier qu'il avait entièrement renoncé à le poursuivre ; et après avoir épousé sa charmante secrétaire, qu'il aimait depuis longtemps et dont il était aimé, lui aussi, sans qu'il s'en doutât, il partit avec elle pour un long voyage.

Jacques Villard, pensant être à jamais débarrassé de lui, put continuer en toute liberté la série de ses sinistres exploits.

Celui qu'il se préparait à accomplir, c'est-à-dire l'assassinat d'une pauvre démente, comptait parmi les plus effroyables...

Mais il n'en paraissait nullement préoccupé...

Son cynisme était tellement formidable, qu'il parvenait même à le communiquer à son fils, et ce fut fort allégrement qu'ils montèrent dans l'auto qui avait emmené Zermatt à Paris.

Vers cinq heures de l'après-midi, ils arrivèrent à la maison de santé où était soignée la pauvre Gisèle...

C'était un ancien château du XVII° siècle, qui avait été fort remarquablement aménagé en station de repos et d'isolement et qui n'acceptait que la clientèle choisie.

Après avoir laissé sa voiture devant la grille, Zermatt et son père franchirent le seuil, salués jusqu'à terre par le portier, que Willy avait su s'acquérir en lui distribuant, ainsi qu'à tout le personnel, de généreux pourboires.

Ils traversèrent une allée sablée et bordée de tilleuls dont le vent essaimait les feuilles automnales, qui allaient s'ajouter au tapis doré qui s'étendait déjà sur le sol...

Ils arrivèrent ainsi jusqu'à l'ancienne cour d'honneur, vaste et encore parée, ainsi qu'au temps du grand roi ; puis, ils gagnèrent un escalier de pierre à double évolution, qui avait été copié sur celui du palais de Fontainebleau, en gravirent les marches et pénétrèrent par une large porte dans un vestibule où un valet de chambre, en habit noir et cravate blanche, attendait, assis derrière une table, en l'attitude grave d'un personnage important.

Néanmoins, à la vue des deux visiteurs, il se leva, demandant à Willy Zermatt, sur un ton d'onctueuse déférence :

— Monsieur le comte désire sans doute monter à l'appartement de M™° la comtesse ?

— Oui, Barthélémy.

— Je vais appeler une infirmière.

— C'est inutile, refusait le don Juan des grands bars... je connais la route.

Et il s'engagea avec son compagnon dans l'escalier qui conduisait au premier étage.

Barthélémy les regarda s'éloigner, très impressionné par la vue de cet ecclésiastique qu'il n'avait jamais vu, et dans lequel il avait cru repérer immédiatement un missionnaire...

Comme il était un pieux et même un très pieux laïc, il se promit, lorsque le bon Père redescendrait, de lui demander sa bénédiction...

En attendant, les deux misérables avaient atteint le large couloir sur lequel donnait la porte de l'appartement occupé par Gisèle.

Willy l'ouvrit sans frapper et pénétra, suivi par son père, dans une antichambre, et de là, dans un petit salon très clair, très gai, dont les fenêtres donnaient sur le parc, où la pauvre démente aimait à se promener, en compagnie de la sœur Monique, une bonne et douce religieuse, qui ne la quittait guère... et s'était prise pour elle d'une sorte de maternelle affection.

Les deux visiteurs constatèrent que la pièce était vide...

Un peu désappointé, Robert s'en fut jeter un coup d'œil dans la chambre et dans le cabinet de toilette. Là, non plus, il n'y avait personne...

Revenant vers le soi-disant Père Ardenay, qui attendait dans le salon, il lui dit :

— Sans doute Gisèle est-elle allée faire une promenade dans le jardin avec sœur Monique...

« Pourtant, il n'est pas six heures...

— Va t'informer, ordonnait le bandit, que ce contretemps semblait vivement mécontenter.

— Inutile... reprenait le bellâtre...

Et il appuya sur le bouton d'une sonnerie électrique.

Quelques secondes après, sœur Monique apparaissait.

C'était une brave femme, douée d'un certain embonpoint, et dont la religion devait être toute d'indulgence et de douceur. tant son visage, aux yeux candides, exprimait à la fois de dévouement cordial et de clarté morale.

— Ma sœur, attaquait le comte Zermatt, voici le Révérend Père Ardenay, de l'ordre des Pères de la Miséricorde.

La religieuse s'inclina devant le faux missionnaire, qui répondit à son salut avec une bienveillance un peu majestueuse.

Willy poursuivait :

— Avant de s'en aller évangéliser les Chinois, le Révérend Père Ardenay avait été mon professeur au collège de Blois.

« De passage à Paris, il a su le terrible malheur qui m'avait frappé, et dans son inépuisable charité, il a bien voulu se rendre aujourd'hui auprès de ma malheureuse femme, afin de chercher, avec l'aide de ce Dieu dont il est un si noble auxiliaire, à ranimer en elle la flamme qui s'est éteinte.

— Mon Révérend Père, soyez le bienvenu !... déclarait sœur Monique...

« Sans doute avez-vous déjà vu notre chère pensionnaire ?

— Non, ma sœur... répliquait Zermatt.

— Elle n'est donc pas dans sa chambre ?...

— L'appartement est complètement vide... ripostait le bellâtre.

« Aussi, je me demandais si vous n'étiez pas dans le parc avec elle... voilà pourquoi je me suis permis de sonner.

— C'est incompréhensible ! s'exclamait l'excellente religieuse, dont le visage, ordinairement si plein de sérénité, exprimait maintenant une vive inquiétude...

Et elle poursuivit :

— Je suis descendue avec Mme la comtesse Zermatt, ainsi que d'habitude, vers deux heures...

« Physiquement, elle était très bien... et, tout en nous promenant, j'avais cru remarquer en elle certains signes de compréhension qu'elle n'avait pas eus jusqu'alors... et que le médecin attendait avec impatience, parce qu'ils devaient être pour lui les avant-coureurs d'un retour progressif à la raison.

« Ainsi, elle m'avait dit, en me désignant le ciel, où brillait un soleil timide à travers de gros nuages gris :

« — Bientôt ce sera l'hiver !

« Et pour la première fois, et à différentes reprises, elle m'avait appelée sœur Monique.

« J'étais enchantée de ce mieux aussi sensible que rapide et imprévu...

« Au bout de vingt minutes, je parlai de rentrer... Elle me comprit très bien... mais auparavant, elle voulut s'en aller sur la terrasse qui donne sur la forêt, et là, pendant un long instant, elle regarda les arbres... écouta chanter les oiseaux... s'intéressant au spectacle de la nature.

« Elle adressa même de la main un bref bonjour à une auto qui passait sur la route, au pied de la terrasse...

« Tout cela me confirmait, comme dit notre bon docteur Reblignac, une reprise de l'intelligence sur la matière...

« Je me disais que le bon Dieu avait enfin exaucé mes prières, et je me préparais, monsieur le comte, à vous annoncer la bonne nouvelle... et vous dites que Mme la comtesse n'est pas chez elle !

« Où a-t-elle pu aller ?... Je vais voir.

Elle sortit en coup de vent, en agitant sa blanche cornette de sœur de Saint-Vincent-de-Paul.

— Il ne manquerait plus qu'elle ait pris la clef des champs ! grommela Willy.

— J'en doute ! émettait son père... Mais, en admettant que cela soit, on pourrait la rattraper facilement.

Et il eut ce mot diabolique :

— Ce ne serait que partie remise.

Sœur Monique revenait, l'air encore plus effaré... et suivie par une de ces religieuses dites converses, et auxquelles sont réservés, dans les communautés, des emplois domestiques.

Sœur Monique, toute pâle d'angoisse, ordonnait :

— Sœur Agathe, répétez ce que vous venez de me dire.

Sœur Agathe fit, d'un air timide et en baissant les yeux :

— Sœur Monique, obligée de se rendre auprès de notre sœur Supérieure, qui l'avait mandée, m'avait priée de veiller sur Mme la comtesse Zermatt et de ne pas la quitter d'une semelle...

« Malheureusement, sœur Marthe est venue me chercher pour l'aider à ranger des pots de confiture dans un placard...

« Comme Mme la comtesse Zermatt était endormie dans son fauteuil, et que jamais elle n'avait paru plus tranquille, j'ai cru pouvoir enfreindre la consigne que m'avait donnée sœur Monique, et je suis partie avec sœur Marthe.

— Encore si vous vous étiez contentée de ranger les pots ! s'écriait sœur Monique ; mais sœur Marthe et vous, vous en avez mangé presque un à vous deux !

— Sœur Monique, je vous assure que le pot avait déjà été entamé et qu'il était même aux trois quarts vide.

Le Père Ardenay, que ces papotages de bonnes sœurs énervaient, reprenait avec autorité :

— Mes sœurs, cette histoire de pots de confiture n'est pas d'une importance telle que vous ne puissiez en différer le règlement...

« Le plus important est de savoir ce qu'est devenue Mme la comtesse Zermatt.

— Sans doute, opinait sœur Monique, est-elle redescendue dans le parc sans qu'on la voie.

— Alors, pressait Willy, cherchons-la tout de suite.

Tous quatre redescendirent et regagnèrent le vestibule...

Le dévot Barthélémy se précipita vers le faux missionnaire en disant :

— Mon Révérend Père, pourrais-je vous demander de me donner votre bénédiction ?

Et il allait s'agenouiller...

Mais le bandit ne lui en donna pas le temps.

— Fichez-moi la paix ! fit-il, en le repoussant avec violence.

L'infortuné Barthélémy faillit dégringoler sur les dalles...

Puis, littéralement abasourdi, il murmura :

— C'est curieux combien ces missionnaires sont parfois irritables...

« Le « coup de bambou », comme on dit aux colonies.

« Dieu ferait bien d'en préserver ses représentants sur la terre.

Jacques Villard, son fils et les deux religieuses commencèrent aussitôt l'exploration du parc, sans succès d'ailleurs.

Ils eurent beau, aidés des deux jardiniers et de plusieurs autres bonnes sœurs, parcourir toutes les allées, pénétrer dans tous les massifs, fouiller tous les bosquets, ils ne trouvèrent pas trace de la jeune femme... et l'on devait reconnaître qu'elle avait réussi à quitter la maison de santé.

Mais comment ?...

Poussé par le faux missionnaire, Zermatt exigeait une enquête immédiate...

La sœur Supérieure, une femme de tête, voulut interroger elle-même, en présence de Willy et du Père Ardenay, toutes les religieuses, ainsi que tout le personnel...

Mais elle ne put rien en tirer... Le mystère demeurait complet, impénétrable... Il n'y avait plus qu'à s'adresser à la police.

C'est ce que fit aussitôt le comte Zermatt, tandis que son père se demandait, non sans une sourde inquiétude :

« Qu'est-ce que cela veut dire ? »

VIII

OÙ L'ON VOIT JACQUES VILLARD TOUR A TOUR CRAINDRE ET AGIR

Trois jours après, le comte Zermatt n'avait pas encore reçu la moindre nouvelle au sujet de sa femme...

La gendarmerie de Fontainebleau, les gardes de la forêt, auxquels s'étaient joints toute une escouade de détectives, mobilisée par Willy, s'étaient livrés à plusieurs battues, qui n'avaient donné aucun résultat.

La Sûreté générale, saisie de l'affaire, avait envoyé dans toutes les directions le signalement de la disparue...

Mais jusqu'alors, cette formalité avait été complètement stérile.

Jacques Villard, qui, sous le couvert du Père Ardenay, s'était installé chez son fils, se renfermait dans un mutisme absolu...

C'est à peine si, au cours des repas, afin de donner le change aux domestiques, il adressait à Willy quelques paroles banales.

Puis il s'enfermait dans sa chambre, qu'il arpentait à grands pas, pour s'arrêter, s'installer dans un fauteuil, où, pendant de longs instants, les paupières fermées, pour mieux concentrer sa pensée, il se plongeait dans des réflexions qui ne devaient avoir rien de bien agréables, car son visage crispé, son regard surtout trahissaient l'inquiétude intérieure qui devait, par moments, se transformer en une véritable angoisse.

Willy n'osait l'interroger... l'ex-roi des snobs lui battant froid...

Sa première pensée avait été que c'était son fils qui, ne voulant pas que sa femme fût assassinée, l'avait fait filer...

Mais Jacques Villard ne s'attarda pas plus que quelques secondes à cette hypothèse.

En effet, il se dit que Willy n'avait pu donner les instructions nécessaires pour faire évader Gisèle, puisque, depuis qu'il lui avait fait part de ses intentions criminelles, ils ne s'étaient pas quittés une seule minute.

Cependant, une arrière-pensée subsistait dans l'esprit du gredin.

Il songeait que Willy, ayant deviné son projet, avait peut-être pris ses précautions pour le contrecarrer...

Espérant que la police remettrait la main sur la jeune femme, il avait patienté pendant trois jours.

Mais, convaincu désormais que Gisèle devait être enfermée dans un endroit assez sûr pour que le plus malin des détectives fût incapable de la découvrir, il se décida, comme on dit vulgairement, à « tirer les vers du nez » de son fils.

Le même soir, après le dîner, au lieu de remonter directement dans sa chambre, ainsi qu'il le faisait d'habitude, il dit à Willy.

— J'ai à te parler... où serait-on le mieux pour ne pas être entendu ?

— Dans ma chambre.

— Allons-y !

Zermatt n'était pas tranquille. Il connaissait assez son père pour comprendre que celui-ci allait avoir avec lui une grave explication...

Mais, rassemblant tout son courage, il se dit :

« A la fin, je commence à en avoir assez, et, cette fois, je suis décidé à lui tenir tête. »

Après s'être installés, le faux missionnaire dans un fauteuil, Willy sur une simple chaise, le premier attaqua :

— Je n'ai qu'une question à te poser... mais j'exige que tu me répondes avec la franchise que j'ai le droit d'exiger de ta part.

« Qu'as-tu fait de ta femme ?

A ces mots, prononcés d'un ton très calme, mais avec un accent de sourde menace, le don Juan des grands bars bondit, en répétant :

— Ce que j'ai fait de ma femme, moi ?...

— Oui, toi !

— Que signifie cette plaisanterie ?

— Je ne plaisante pas ! affirmait sévèrement le bandit, et je t'engage à me parler sur un autre ton !

— Comment pourrais-je garder mon sang-froid, lorsque vous me lancez brutalement à la figure que j'ai fait disparaître Gisèle ?

Et, se montant de plus en plus, il continua :

— Ah çà ! vous me prenez donc pour un parfait imbécile ?

Toujours avec le même sang-froid, Jacques Villard scandait :

— Non, mais les hésitations que tu avais manifestées au cap Martin lorsque, pour la première fois, je t'ai déclaré qu'il fallait en finir avec elle...

— Je reconnais que je n'ai pas votre insensibilité...

— Tu n'es et tu ne seras jamais qu'un homme à femmes...

— Reconnaissez que cela n'a pas été inutile à la réalisation de vos projets...

— Oui, parce que j'étais là pour te diriger et t'empêcher à chaque instant de commettre des sottises qui auraient tout compromis.

« La preuve, c'est qu'il a suffi que je te laissasse pendant quelque temps la bride sur le cou pour que tu me jouasses un tour qui va tout retarder et peut-être tout perdre.

Se campant devant son père, le beau Willy attaquait résolument :

— Alors, vous persistez à croire que c'est moi qui ai enlevé, ou plutôt fait enlever ma femme ?

Avec un accent d'autorité impérieuse, le bandit ripostait :

— J'en suis tellement convaincu, que, pour la dernière fois, je te somme de me dire ce que tu en as fait.

— Et moi, pour la dernière fois, je vous affirme que j'ignore absolument ce qu'elle est devenue.

— Prends garde ! grondait le faux missionnaire que la colère gagnait.

— Ce n'est pas la première fois que vous me menacez, ripostait Willy, qui, lui, continuait à garder son sang-froid...

« Mais, aujourd'hui, malgré tout le mal que vous pouvez me faire, je ne puis répondre autrement à l'accusation que vous formulez contre moi, qu'en vous disant : ce n'est pas vrai.

— Allons donc ! Tu t'es toqué de cette femme.

— J'ai eu un béguin pour Gisèle, je vous l'avoue... Mais je vous assure qu'il est bien passé... et puis, si j'avais voulu la soustraire à l'arrêt de mort que vous avez prononcé

contre elle, je n'aurais pas attendu aussi longtemps.

— Tout cela, ce sont des phrases... et, les phrases, ça ne prend jamais avec moi...

— Vous persistez à me croire coupable ?

— Oui.

— Eh bien ! qu'allez-vous faire ?

— Cela me regarde seul...

— Vous allez me dénoncer à la police, me démasquer ?... Et puis, après ?...

« Est-ce que vous croyez que je vais attendre ces messieurs ?

« A votre école, j'ai appris beaucoup de choses... notamment la façon dont on échappe à ceux qui veulent vous arrêter.

Elevant la voix, et devenant à son tour agressif, Robert Villard poursuivait :

— Vous venez de me dire que je n'étais qu'un homme à femmes... vous vous trompez...

« J'ai beaucoup changé, beaucoup réalisé, depuis quelques mois, et je suis de taille à vous prouver que je suis tout simplement un homme qui en vaut un autre et qui est parfaitement décidé à défendre sa liberté et sa peau, avec tous les moyens... vous m'entendez ? tous les moyens dont vous m'avez appris vous-même à me servir.

L'ancien bagnard écoutait son fils sans l'interrompre...

Son visage était devenu tellement impénétrable qu'il eût été impossible à l'observateur le plus perspicace de découvrir ce qui se passait dans l'âme ténébreuse de cet infernal bandit.

Robert continuait :

— Vous avez supprimé entre nous deux, et

je reconnais que vous aviez raison, toute espèce de lien familial.

« Vous m'avez défendu de vous appeler « mon père », non pas seulement parce que cette appellation eût suffi à divulguer votre véritable identité, mais encore parce que vous exigiez que nous ne fussions que deux associés, sous la réserve que vous seriez ce qu'on appelle le chef de collaboration.

« J'ai accepté toutes vos conditions... je n'ai jamais régimbé quand il s'est agi de suivre vos directives. Je vous ai même témoigné une déférence qui, sans avoir rien de filial, n'en était pas moins celle qu'un homme de mon âge doit avoir envers un homme du vôtre...

« Si parfois j'ai discuté vos ordres, c'était parce que vous me l'aviez permis... mais, lorsque vous m'avez convaincu que j'étais dans mon tort, ne me suis-je pas toujours expressément soumis à votre volonté.

« Je ne vous ai jamais trahi ; je n'ai pas même essayé de tricher... j'ai été pour vous un instrument aveugle, mais sûr...

« Je vous mets au défi de prétendre le contraire !

Jacques Villard, figé dans son attitude silencieuse, ne laissait toujours apercevoir aucun signe d'approbation ou de mécontentement.

On eût dit qu'il était changé en statue.

Willy, de plus en plus monté, martelait :

— Malgré ces preuves de fidélité que je vous ai données, voilà que vous m'accusez maintenant de la plus stupide et de la plus invraisemblable des machinations.

« Et vous avez mis trois jours à trouver cela ?

« Ah çà ! mon révérend père, est-ce que vous commenceriez à décliner ?

« Comment se fait-il qu'avant de m'accuser aussi témérairement, vous n'ayez pas songé à votre principal ennemi, c'est-à-dire à Douglas Wilson ?

— Douglas Wilson ! sursauta l'ex-bagnard.

— Parfaitement ! Douglas Wilson, scandait son fils.

Jacques Villard reprenait :

— C'est impossible !

— Qu'en savez-vous ?

— Tu oublies que nous avons signé un traité de paix basé sur le fait que je possède certains documents...

— Vous me l'avez dit...

— Et tu estimes que cette arme n'est pas suffisante pour le faire tenir tranquille ?

— Si... en principe... admettait Zermatt, mais qui nous dit qu'il a renoncé définitivement à nous faire la guerre à tous les deux... et qu'en faisant disparaître Gisèle, il n'a pas cherché à se procurer contre nous une arme équivalente à celle que vous possédez contre lui ?

— Au premier abord, admettait l'ex-roi des snobs, ton raisonnement tient debout...

Et, d'un ton redevenu conciliant, Jacques Villard développa :

— Mais il n'est pas besoin d'être un grand clerc pour s'apercevoir de sa fragilité... Tu vas en juger par toi-même. Ce matin, j'ai lu dans le journal de cet industriel, qui ne se contente pas d'embaumer le monde entier de ses parfums, mais veut encore l'inonder de sa prose...

— Le *Figaro* !...

— On ne peut rien te cacher...

« Je te disais donc que j'ai lu ce matin dans ce journal que Douglas Wilson était gravement malade à Venise.

— Je vous objecterai que cela peut très bien être de sa part une feinte destinée à endormir notre vigilance.

— C'est fort possible...

« Mais il est un autre argument contraire à ta thèse et je suis surpris que tu n'y aies pas songé.

— Voyons.

— Pour que Douglas Wilson ait réussi à enlever Gisèle, il faudrait qu'il ait eu des complicités à l'intérieur de la maison de santé.

— Pourquoi pas?

— Tu ne vas pas accuser ces excellentes bonnes sœurs?

— Elles, non!

— Qui alors?

— Et le personnel?

— Quel personnel?

— Les jardiniers.

— Peut-être, en effet, admettait le bandit; mais cela, non plus, ne tient pas debout davantage.

— Je ne vois pas...

— Laisse-moi continuer...

« En supposant — ce qui n'est pas invraisemblable — que Douglas Wilson ait réussi à corrompre un employé quelconque de la maison de santé, et que celui-ci, chose très difficile, et je dirai même impossible, ait réussi à s'approcher de Gisèle et à lui parler sans témoins, — tu oublies que ta femme aurait été incapable de le comprendre, et même de l'entendre, et que la religieuse n'aurait pas tardé à s'apercevoir du complot.

— C'est fort juste, reconnaissait Willy.

Et, d'un ton dégagé, il ajouta:

— Quand je me trompe, je ne demande qu'à reconnaître mon erreur.

« Pourtant, permettez-moi de vous faire observer que, si j'avais voulu enlever ma femme, je me serais heurté aux mêmes difficultés que Douglas Wilson...

— Je l'admets! déclarait le faux missionnaire.

— Enfin! ponctuait le bellâtre.

Et l'esprit raffermi par sa victoire, il reprit:

— Pour moi, la seule version vraisemblable de cette fugue est que Gisèle, profitant de ce que cette sœur Agathe l'avait laissée seule, sera descendue dans le parc et qu'elle en a franchi la clôture...

— Sans éveiller l'attention de personne?

— Les déments ont parfois des ruses auxquelles des gens sensés ne songeraient jamais.

— Je te l'accorde... mais, si elle s'était enfuie de la maison de santé, elle n'aurait pas pu aller bien loin... et elle aurait déjà été retrouvée...

— A moins qu'il ne lui soit arrivé malheur.

— La vérité, concluait le bandit, est que nous n'avons ni l'un ni l'autre aucune certitude...

« Tu as beau me dire que je décline, j'ai encore assez de bon sens pour avoir ce droit d'affirmer que cette disparition demeure inexplicable... et je n'aime pas les énigmes, surtout quand je n'arrive pas à les déchiffrer.

— Alors, que faire ?

— Si je le savais ! s'écria Jacques Villard, j'aurais déjà agi.

Comme il prononçait ces paroles, on frappait à la porte.

— Entrez ! fit Zermatt.

Un valet de chambre apparut, annonçant :

— Monsieur le comte, ce sont les gendarmes...

— Les gendarmes ! fit le beau Willy, avec un léger sursaut...

Le domestique expliquait :

— Ils disent qu'ils ont quelque chose d'important à dire à Monsieur le comte.

— Où sont-ils ?

— Dans l'antichambre.

— Faites-les entrer dans le petit salon ; je descends dans une minute.

Lorsque le valet de chambre se fut éloigné, Robert Villard s'écria :

— Ils nous apportent sans doute des renseignements au sujet de Gisèle.

— C'est probable, acquiesça le faux missionnaire.

— Vous venez avec moi ?

— Oui... Et, surtout, si les gendarmes t'interrogent, regarde-moi avant de leur répondre.

— Entendu !

— Si j'approche ma main droite de mon menton, tu n'auras qu'à dire oui.

« Si je mets la main dans la poche de ma soutane, ce sera non.

L'ex-forçat, qui s'était entièrement ressaisi, ajouta :

— Ne faisons pas poser davantage ces excellents gendarmes !

Les deux associés s'en furent retrouver dans le petit salon ceux qui les attendaient, c'est-à-dire le brigadier Testu, grand et solide gaillard, décoré de la médaille militaire et de la croix de guerre, à la figure énergique d'ancien soldat sans peur et sans reproche, et le gendarme Pivolin, de taille moyenne, très sec, très nerveux, à la physionomie intelligente et même empreinte d'une certaine malice.

Tandis que le faux missionnaire demeurait un peu à l'écart, le brigadier attaquait :

— Excusez-moi, monsieur le comte, si je me présente aussi tard à votre domicile... mais la commission est urgente... Nous venons vous apporter des objets que l'on a retrouvés sur les bords du Loing, à un kilomètre environ de Moret...

— Montrez ! invitait Willy.

Le brigadier Testu, s'adressant à son inférieur, qui portait sous son bras un paquet peu volumineux, lui dit d'un air important et d'un ton solennel :

— A vous l'honneur, Pivolin.

Pivolin déposa son paquet sur une table et, avec dextérité, il en dénoua la ficelle.

Puis, écartant le gros papier gris qui lui servait d'emballage, il laissa apparaître une paire de pantoufles bleues et une écharpe blanche, en tulle.

Avec la gravité d'un archevêque qui se préparerait à haranguer une foule de fidèles, le brigadier Testu demandait :

— Monsieur le comte Zermatt, reconnaissez-vous ces chaussures... et la... comment dirais-je bien ?... enfin, vous le voyez vous-même... ce truc... comme ayant appartenu à Mᵐᵉ la comtesse ?

Willy jeta un coup d'œil à la dérobée vers

son père qui, vivement, avait porté la main à son menton.

Se penchant au-dessus des pantoufles et de l'écharpe, qui, réellement, avaient appartenu à sa femme, il les examina un instant, puis il fit :

— En effet, Mme Zermatt les portait encore la dernière fois que je l'ai vue.

— Alors, continuait le brigadier Testu, il n'y a aucun doute, ni dans le fond, ni dans la forme ?

Feignant un grand trouble, Willy reprenait :

— Vous dites, brigadier, que l'on a trouvé ces objets sur les bords du Loing ?

— A un kilomètre de la ville.

— Et vous en concluez ?...

Embarrassé, l'excellent brigadier déclarait :

— Je préfère que le gendarme Pivolin, qui est l'auteur responsable de cette trouvaille, exprime d'abord son opinion.

« Ensuite, je ferai connaître la mienne...

Et, exagérant encore la solennité de son attitude et de son langage, le brigadier Testu accentua :

— Gendarme Pivolin, vous avez la parole.

Pivolin, avec une simplicité qui contrastait avec l'emphase de son supérieur hiérarchique, attaqua :

— Vers la fin de l'après-midi, je longeais à bicyclette la rive droite du Loing, lorsque mon attention fut attirée par ces pantoufles qui paraissaient faire une grosse tache bleue dans l'herbe... tout près de l'eau...

« Vite, je saute à bas de ma bécane et je m'agenouille sur la berge et je m'empare des pantoufles.

« Mais voilà que j'aperçus, à vingt mètres de là, accrochée à un roseau, cette écharpe que je ramenai également.

« Je fis aussitôt mon rapport au lieutenant de gendarmerie de Fontainebleu, rapport dans lequel je considérais que ces objets appartenaient à Mme la comtesse Zermatt, dont la disparition de la maison de santé de Bouron était signalée depuis trois jours...

« Le lieutenant donna l'ordre au brigadier Testu, et à moi, de nous rendre aussitôt près de vous... Voilà !

Willy avait pris tour à tour les pantoufles, toutes maculées de poussière, et l'écharpe, trouée de plusieurs accrocs...

— Hélas ! fit-il en affectant une vive douleur... il n'y a plus à se forger de fausses espérances... Ma pauvre Gisèle s'est jetée à l'eau !

— C'est exactement ce que nous pensons tous ! opinait le brigadier Testu.

« Seulement, nous n'osions pas le dire à Monsieur le comte.

— La malheureuse ! murmurait tristement le don Juan des grands bars, qui, à la vive satisfaction de l'ex-bagnard, jouait merveilleusement son rôle.

Et puis, au fond, éprouvait-il peut-être un sentiment de regret et de pitié à l'égard de cette pauvre jeune femme qui s'était si passionnément donnée à lui, et qui l'avait parfois grisé de ses baisers et toujours comblé de ses caresses...

Le brigadier reprenait :

— Dès demain matin, on commencera à faire des recherches dans la rivière... Mais ça ne sera pas commode à ramener le corps de Mme la comtesse à la surface...

« Dans le fond, en effet, il y a beaucoup de racines, et puis des herbes en quantité...

Willy reprenait :

— Dès demain matin, je vais m'entendre avec la police de Moret, afin que l'impossible soit fait pour que, le plus promptement possible, ma pauvre femme repose en terre sainte.

Puis, il reprit, en s'adressant au gendarme :

— Je vous remercie..

Il appuya sur le bouton d'une sonnerie électrique et ordonna au valet de chambre, qui apparaissait :

— Conduisez ces messieurs à l'office et faites-les se rafraîchir...

« Au revoir, mes amis.

— Au revoir, monsieur le comte, firent simultanément le brigadier Testu et le gendarme Pivolin.

Et tandis qu'ils emboîtaient le pas au domestique, Testu dit à son inférieur avec un accent d'autorité condescendante :

— Gendarme Pivolin, je suis content de vous... Vous avez parlé comme un avocat !

Demeurés seuls, l'ex-bagnard et son fils se regardèrent...

Puis, éclatant d'un rire satanique, le premier fit :

— Tu as raison, mon ami... je décline...

« Comment n'avais-je pas deviné du premier coup que Gisèle s'était suicidée ?

« Et maintenant, il n'y a plus qu'à toucher les soixante millions qui nous reviennent... en attendant ceux que, sans s'en douter, la danseuse Marquita va faire tomber dans notre escarcelle.

— Alors, interrogeait Willy, vous n'avez pas renoncé à cette bohémienne ?

— Moins que jamais ! s'écriait l'ex-docteur Miracle. Et voici mes instructions :

« Je t'accorde trois mois, mais pas plus, pour pleurer ta Gisèle. D'ici là, tu pourras même commencer discrètement vers la nouvelle vedette du Moulin-Rouge certains travaux d'approche que je suis même décidé à te faciliter, à condition que tu me rendes un compte exact de tes moindres faits et gestes.

— C'est entendu.

Jacques Villard, qui, une fois de plus, venait d'étouffer l'esprit de révolte dont son fils était animé et de reconquérir sur lui son irrésistible ascendant, reprenait avec une autorité plus férocement impérieuse, mais amicalement bienveillante :

— Pendant ce temps, je vais fabriquer à Marquita un état civil particulièrement soigné... qui lui permettra d'entrer en possession d'un héritage qui, joint aux soixante-quinze millions que nous allons pouvoir toucher, constitueront le puissant trésor de guerre dont nous aurons besoin pour arriver à mes fins.

— C'est-à-dire ? précisait le faux Zermatt en ricanant à son tour, pour reconquérir le trône de mes aïeux ?

— Oui, mon fils ! déclarait l'ancien bagnard.

Willy eut un léger sursaut. C'était la première fois que son père l'appelait ainsi...

Il lui semblait même qu'en prononçant ce mot, « mon fils », un rapide éclair avait illuminé son regard.

Le faux missionnaire reprenait, en appuyant sa main sur l'épaule de Willy :

— Maintenant, j'en suis sûr : dans un an, tu seras roi.

Et il ajouta, comme s'il se parlait à lui-même :

— Quelle belle revanche ce sera pour moi, contre cette société qui a fait de moi ce que je suis...

« Car, si je suis devenu tour à tour faussaire, voleur et assassin... à qui la faute ?... à ce Paris, qui m'a perverti, pourri, gangrené ; à ces jurés qui, au lieu de m'envoyer en prison pour cinq ans, ce qui eût été juste et ce que j'eusse accepté... sans me plaindre, ont voulu voir en moi l'assassin de ta mère, ce qui est faux, ainsi que je te l'ai déjà dit, que je te le répète encore... et je l'eusse crié la tête sous le couperet.

« Ah ! j leur prouverai à tous combien je les hais, combien je les abomine...

« Un bagnard faiseur de roi... Ce n'est déjà pas ordinaire...

« Mais ce n'est rien, tu m'entends, à côté de ce que je ménage à cet amas d'ordure qui s'appelle le genre humain...

« Une fois que je t'aurai conquis le trône, ah ! sois sûr, cette fois, que je te laisserai bien tranquille, mais à une condition : c'est que tu me laisses tout faire. Ce pays d'Hespérie n'est rien... ou presque rien encore...

« Sous mon impulsion, j'entends qu'il devienne une grande puissance... Je veux être et je serai mieux que le Mussolini !...

« Je te donne rendez-vous dans deux ans... Et alors, tu assisteras à des événements historiques que je provoquerai et qui auront pour résultat de bouleverser une fois de plus le centre de l'Europe.

« Ah çà ! se demandait Willy, est-ce qu'il ne serait pas atteint de la folie des grandeurs ? »

Tout en dissimulant son inquiétude, il chercha les yeux de son père... Jamais encore il ne leur avait trouvé une telle expression... Satan devait avoir ce regard-là quand il entama la lutte contre Dieu. Et, comme hypnotisé par la puissance d'un rayonnement qui semblant avoir son origine en enfer ; il se dit :

« Il n'y a qu'à obéir... car, décidément, je ne suis rien à côté de lui. »

Et, tout en se remémorant les chemins tortueux que son père avait pris et lui avait fait prendre, comprenant maintenant la nécessité de certains actes, de certains faits et dont l'utilité lui avait jusqu'alors échappé, empoigné par la griserie criminelle que celui-ci lui avait communiquée, il constatait que son père, soit qu'il fût le baron Mirador, le docteur Miracle et le père Ardenay, il avait toujours réalisé ses intentions, échappé à la police, désarmé, vaincu ses adversaires, et il en conclut :

« Il n'y a pas de raison pour que cet homme ne soit pas un jour plus fort que le monde ! »

Quant à Jacques Villard, qui avait deviné toutes les pensées de son fils, il s'écriait :

— Maintenant, le plus dur est fait !... Encore un an de luttes, de patience et le but sera atteint...

Et il ajouta, plein d'entrain, de bonne humeur, avec cet effroyable cynisme dont il avait déjà tant de fois donné la preuve :

— Allons nous coucher !... Cette nuit, je vais dormir tranquille !

IX

LE GRAND CHAGRIN DE MARQUITA

Trois mois s'étaient écoulés sans que rien de sensationnel, du moins à la surface, n'eût fait rebondir les événements que nous venons de vous raconter.

Malgré toutes les recherches faites par les policiers et par de simples particuliers auxquels le comte Zermatt avait promis une très forte prime, s'ils retrouvaient le corps de sa jeune femme, la rivière du Loing n'avait pas rendu sa proie.

Un fait, cependant, avait confirmé la version du suicide.

Un jour, un pêcheur à la ligne avait ramené, accroché à son hameçon, un bout d'étoffe que Willy avait reconnu comme appartenant à la robe que Gisèle portait le jour de sa disparition.

Conformément aux ordres de son père, il avait affecté un grand chagrin et s'était littéralement cloîtré dans sa propriété où, d'ailleurs, il s'ennuyait à mourir...

De temps en temps, il venait à Paris... A plusieurs reprises, il s'était rendu au Moulin-Rouge, soigneusement camouflé, et il avait pu se rendre compte que cette Marquita, dont le succès grandissait de jour en jour, ferait, non seulement une compagne mieux qu'acceptable, mais encore une reine d'Hibérie très racée et très originale.

Quant à Jacques Villard, il avait disparu... rangeant sans doute au magasin des accessoires le costume de Père de la Miséricorde dont il avait su faire un si habile usage.

Quel nouveau personnage incarnait-il ?

Willy eût été, lui aussi, bien en peine de le dire.

Son père, en effet, ne correspondait avec lui que par lettres rédigées en une écriture conventionnelle... et dont, par un procédé chimique dont l'ex-bagnard avait le secret, tous les mots s'effaçaient entièrement cinq minutes après qu'ils avaient vu le jour.

Dans son dernier billet, le bandit déclarait notamment à son destinataire :

« Je comprends que tu te morfondes,
« puisque tu as le grand tort de ne pas
« aimer la lecture.

« Si j'étais immobile comme toi, je dévo-
« rerais toute ma bibiliothèque et le temps
« me paraîtrait beaucoup moins long.

« Allons, encore un peu de patience, le
« délai que je t'ai fixé va bientôt être atteint.

« Il était indispensable... car, moins que qui-
« conque, tu dois choquer l'opinion publique
« en raison du grand coup que je prépare. Il
« est même indispensable que ta liaison avec
« Marquita demeure, pendant quelque
« temps, très mystérieuse.

« Il ne faut pas que l'on puisse dire que
« tu as digéré trop facilement les millions
« des Calabert... et il sera même nécessaire
« que, pendant un temps, que je ne saurais
« encore te fixer, — car tout dépendra des
« circonstances, — tu manifestes, discrète-
« ment, mais assez nettement tout de même,
« afin de donner le change à tous, combien

« la fin tragique de ta Gisèle te cause de regrets.

« Maintenant que tu es au courant de tous mes projets, je suis certain que tu te montreras patient... et que tu ne mettras pas de bâtons dans les roues du char triomphal où je veux te faire monter.

« A bientôt donc... car nous n'allons pas tarder à entrer dans une profonde activité qui ne manquera pas de te procurer un vif agrément.

« Comme je suis très content de toi, depuis notre dernière entrevue, tu recevras demain une très belle six cylindres que je t'offre avec plaisir.

« Ton deuil ne t'empêche pas de faire des randonnées... Seulement, préviens-moi toujours, par un télégramme expédié à l'adresse habituelle, l'endroit où tu te trouves...

« Surtout, sois prudent... pas plus de quatre-vingt-sept à quatre-vingt-dix à l'heure, car ce n'est pas le moment d'avoir un accident et de détériorer ton prestigieux visage.

« Bonnes amitiés. »

Ces deux derniers mots : « Bonnes amitiés », plongèrent le comte Zermatt dans une satisfaction qui n'avait d'égale que sa surprise. C'était, en effet, la première fois, depuis qu'il avait retrouvé son père (1), que celui-ci ajoutait aux missives qu'il lui envoyait une brève formule d'affection.

Le premier mouvement de Willy fut de se demander :

____

(1) Voir notre précédent feuilleton *Les Martyres de Paris*.

« Qu'est-ce que cela cache ? »

Puis il se dit :

« Après tout, a-t-il pour moi plus d'attachement qu'il n'a voulu me le montrer, et n'a-t-il affecté à mon égard cette indifférence sentimentale et cette sévérité tyrannique afin de mieux me courber sous le joug !

« C'est fort possible !

« Quoi qu'il en soit, je dois m'incliner devant lui et reconnaître qu'il est l'as des as... et je commence à croire qu'il va exécuter jusqu'au bout ce plan qui m'avait paru jusqu'alors insensé...

« Faire de moi un roi ! Au premier abord, cela semble fou... inimaginable... mais, maintenant, que j'ai vu ce qu'il a fait et que je sais ce qu'il est encore capable de faire, j'ai l'impression que le chapeau, qui m'entoure le front, se change en couronne et que la canne que je tiens à la main se change en un sceptre rutilant de pierreries.

« Enfin, nous verrons bien !

« Pour l'instant, il n'y a qu'à se laisser vivre... et attendre que le « paternel » m'autorise à faire ma cour à la bohémienne blonde, ce qui n'est point pour me déplaire. »

Et maintenant, revenons à Marquita, autour de laquelle s'agitait, sans qu'elle s'en doutât, cette ténébreuse et redoutable intrigue.

La pauvre petite, malgré l'accueil enthousiaste que lui faisait chaque jour le public, et les deux cents francs par représentation que son directeur lui avait alloués, n'était pas heureuse.

Bien qu'elle eût cherché à s'en défendre de toutes ses forces, l'amour que lui avait inspiré Guervé avait grandi en elle à un tel point qu'il l'accaparait tout entière, et cela avait été pour elle une indicible souffrance, en constatant que, de plus en plus épris de sa femme, le jeune artiste, tout en continuant à la protéger et à s'occuper d'elle, ne la considérait que comme une camarade.

Avec un fier courage, elle avait su dissimuler le chagrin que cela lui causait et lorsqu'un soir, innocemment, Jacques avait amené avec lui, dans la loge de la danseuse, Marie-Thérèse, qui, complètement rassurée, avait manifesté à son mari son vif désir de connaître personnellement celle que, si faussement, elle avait crue sa rivale, Marquita, pour masquer la douleur qui la torturait, dut faire sur elle-même un tel effort que, lorsque le jeune ménage fut parti, elle tomba sur le parquet, évanouie.

Nono-Manette, dont la loge voisinait avec celle de la bohémienne blonde, entendit le bruit de sa chute, et elle se précipita aussitôt au secours de la malheureuse.

Nono-Manette n'était pas une mauvaise fille...

Très orgueilleuse, elle tenait, par-dessus tout, à son titre de première grande vedette de music-hall de Paris.

Fort intéressée, elle n'eut pas la pensée que les énormes cachets que lui donnait son directeur pouvaient être diminués, ne fût-ce que d'un centime...

Aussi, très ennuyée du succès de Marquita, et redoutant que celle-ci ne la supplantât aussi bien dans l'estime de son manager que dans l'esprit du public, lui avait-elle fait fort grise mine et elle n'avait même pas été étrangère à l'article venimeux que le *Martinet* avait inséré au sujet des prétendues amours de la bohémienne blonde et de Jacques Guervé.

Mais, s'apercevant bientôt que les spectateurs lui continuaient leurs bravos enthousiastes, que Corbert lui avait proposé de renouveler son engagement à des conditions encore supérieures à celles de l'année précédente, elle s'était vite calmée... Et, son intelligence reprenant le dessus sur ses nerfs, elle avait compris que le talent de Marquita était tellement différent du sien, qu'il ne pouvait pas lui faire ombrage... Et répondant au gracieux sourire que lui adressait la jolie danseuse, elle lui tendit franchement la main et lui demanda de devenir son amie.

— Pourquoi pas ? répliqua Marquita... moi, je ne demande pas mieux... j'ai beaucoup d'admiration pour vous... je trouve que vous êtes une très grande artiste, et la preuve, madame, c'est que, chaque jour, après mon tour de danse, je reste sur le plateau afin de vous voir dans votre finale, tant je vous trouve splendide, inimitable, inégalable...

Cet éloge achevait de conquérir d'autant mieux Nono-Manette qu'elle les sentait très sincères... Et à partir de ce jour, les vedettes ennemies devinrent d'excellentes camarades.

Nono-Manette s'occupa même de trouver, rue de Navarin, un petit appartement avec atelier pour Marquita.

Elle lui prêta l'argent nécessaire pour se meubler et s'installer simplement... mais gentiment... Elle fit mieux encore... Un soir, en entendant la jeune bohémienne fredonner une mélodie nostalgique et lointaine, elle lui dit :

— Tu as une très belle voix... tu devrais

travailler... Est-ce que tu sais d'autres chansons?

Marquita répondit :

— Mais des bribes comme ça, que j'ai entendues au hasard des pays que je traversais.

— Chante-moi encore quelque chose?

Marquita s'exécuta... C'était étrange, mais captivant... Rien ne se suivait... ni la mélodie, ni le rythme, ni les paroles... et pourtant, tout cela s'enchaînait à merveille en un mélange inattendu mais profondément poétique, qui exprimait tour à tour et sans transition les sentiments humains simples et populaires, qui semblaient s'être donné rendez-vous dans l'âme de la bohémienne.

— C'est épatant, ma chérie, s'extasiait Nono-Manette... seulement, il faut mettre de l'ordre et de la clarté dans tout cela.

« Tu peux chanter tour à tour comme un ange et comme une déesse... mais il faut que tu apprennes à bien ménager, à bien peser tes effets.

« Demain, je te conduirai chez un de mes amis, celui qui a fait la musique de mes dernières chansons... C'est un excellent musicien. Je t'assure qu'il a autrement de talent que tous ces chichiteurs que l'on joue maintenant à l'Opéra-Comique et qui savent faire le vide mieux que des pompiers un jour d'incendie.

« Seulement, c'est un sincère, un modeste.

« Il n'est pas de la coterie de M. Vuillermoz... Tu ne connais pas M. Vuillermoz? C'est un type qui n'aime que la musique cubiste et qui gobe toutes les âneries des films américains... Arrange-toi pour y comprendre quelque chose... moi, il y a long-

temps que j'y ai renoncé... et puis, je m'en fiche... car les snobs ont beau m'avoir adoptée, je ne les gobe pas.. Ce sont, la plupart du temps, des idiots et des mufles... comme le disait notre grand Aristide Bruant...

« Tu ne l'as pas connu, celui-là? Ah ! mon petit ! Fallait voir, paraît-il, comme il les engueulait, ces petits messieurs, quand ils venaient à son cabaret du boulevard de Rochechouart... Et ils trouvaient ça épatant. Ces types-là, ça aime à être traités comme des filles... Je t'en raconterai long là-dessus, un jour où nous aurons le temps...

« Mais qu'est-ce que je te disais, déjà?

— Que vous m'emmèneriez chez un musicien.

— Ah ! oui, j'y suis ; chez Jean Beaunier. Ah ! celui-là, il ne cherche pas midi à quatorze heures... Il sait trouver la phrase qui, tour à tour, rit et pleure... et avec laquelle on secoue une salle, et puis, il connaît son public, et il ne l'empoigne que par des moyens honnêtes, sincères... Et puis, ça se chante tout seul, parce que c'est admirablement écrit pour la voix.

« Pas de danger qu'on ramasse la bûche avec lui...

« Tu n'auras qu'à bien l'écouter... et avec les machins que tu viens de me roucouler, il te fera un répertoire épatant. Comme ça, tu auras deux cordes à ton arc...

« Ta danse et ton chant. Et ce n'est plus un cachet de deux cents balles que l'on te donnera, mais cinq cents et même peut-être davantage... en attendant que tu attrapes les quatre chiffres, ce qui ne saurait pas beaucoup tarder.

Touchée de l'intérêt que lui portait Nono-

Manette, Marquita lui sauta au cou et l'embrassa avec effusion.

Le lendemain, la Parisienne présentait la bohémienne à Beaunier qui s'emballa aussitôt... Le musicien et l'artiste se mirent à travailler avec une ardeur commune...

Bientôt, ainsi que l'avait pronostiqué Nono-Manette, Beaunier, tout en s'inspirant des phrases que lui avait chantées Marquita, qu'il avait soigneusement notées, composa pour elle une série de chansons à laquelle Didier Gold, l'exquis poète, composa des paroles d'une poésie très savoureuse et pittoresque... et lorsque Nono-Manette eut entendu Marquita lui détailler avec cet art inné dont elle était douée et ce charme personnel qu'elle répandait autour d'elle, comme un parfum délicieusement original, la grande vedette du Moulin-Rouge s'écria, les yeux pleins de larmes :

— Ça y est, ma gosse, puisque tu m'as fait pleurer !

Il fut convenu que dès le lendemain, on ferait entendre Marquita à Corbert et aux auteurs de la nouvelle revue que l'on allait mettre quelques jours après en répétitions.

Le manager et ses collaborateurs se déclarèrent enthousiasmés, et il fut entendu que l'on ferait pour la bohémienne blonde une scène chantée et dansée qui remplacerait un de ces sketches, généralement assez mal venus et dont le public commençait à se lasser.

Et voilà comment, destinées à devenir deux rivales irréconciliables, Nono-Manette et Marquita étaient devenues les meilleures amies du monde.

Pour l'instant, Nono-Manette, à laquelle était venue se joindre une vieille habilleuse, la mère Tarte-aux-Fraises, ainsi surnommée parce qu'elle était affligée d'un visage qui évoquait forcément la couleur de ces fruits délicieux, s'efforçait de raminer la danseuse...

Le régisseur Denoix, qui passait pour faire presser les artistes qui s'attardaient à bavarder... car c'était la fin du spectacle, voyant ouverte la porte de la loge de Marquita, y entra et aida les deux femmes à transporter la danseuse sur une chaise longue en osier.

Puis, il proposa :

— Faut-il que j'aille voir si le médecin de service est encore là ?

— C'est inutile, refusait Nono-Manette... d'abord, il serait déjà parti... et puis, la pauvre gosse !...

Elle se tut... Marquita rouvrait les yeux...

— Laissez-moi seule avec elle, ordonnait la grande vedette, au régisseur et à l'habilleuse.

Denoix s'empressa de déguerpir, car il était payé pour savoir que Nono-Manette n'aimait pas à répéter deux fois la même chose.

Quant à la mère Tarte-aux-Fraises, elle fit d'une voix qu'on eût dite faite pour sucrer sa figure :

— Je vais rester dans le couloir, Nono-Manette a besoin de moi... je serai trop heureuse !...

— Oui, oui, c'est cela, allez vous-en, et restez !

La mère Tarte-aux-Fraises s'éclipsa sans insister... Elle aussi avait peur de la foudre...

Peu à peu, Marquita revenait à elle... et reconnaissant son amie qui se penchait sur elle, en un geste spontané, elle lui prit les mains et éclata en sanglots :

— Qu'est-ce que tu as, ma gosse ? interrogeait l'étoile du Moulin-Rouge... un gros chagrin ?... Raconte-le à ta Nono. Je crois que, maintenant, tu peux être sûre que je suis vraiment ton amie et que tu peux avoir confiance en moi ?

— Oh ! oui, madame... Oh ! oui...

— Je t'ai déjà dit de ne plus m'appeler madame... mais Nono... Je crois qu'on est devenues assez copines pour envoyer faire fiche le protocole.

« Allons, parle... vide ton cœur... Tu ne veux pas ?... Eh bien ! moi, je vais te le dire... tu es amoureuse... Pas vrai ? Regarde-moi en face... et puis je vais encore bien plus t'épater en te disant de qui ?...

— Oh ! non, vous ne pouvez pas deviner !

— Ah ! tu crois ?... Et si je te disais que tu es folle de Jacques Guervé... qu'est-ce que tu me répondrais ?... Je crois que je t'en bouche un coin... Et maintenant, dis-moi donc que ce n'est pas vrai !...

— Si, madame !

— Hé là !

— Pardon !... Si, Nono !

— A la bonne heure !

— C'est vrai !...

Et elle ajouta, bouleversée d'émoi :

— Ça se voit donc ?

— Non ! ici personne ne s'en doute... Jusqu'à présent tu as joliment bien caché ton jeu... Il n'y a pas seulement huit jours que moi je m'en suis aperçue... et sais-tu comment ?

— Non ! dites-moi ?...

— Chez Beaunier... rien qu'au regard que tu as lancé au portrait de Guervé qui était sur le piano...

« Tu sais, je suis une fine mouche... moi... Je peux sortir sans ma bonne...

« Alors, je te plains de tout mon cœur... J'ai souhaité que ce ne soit qu'un béguin... mais sans beaucoup y croire... car toi, tu n'es pas de celles qui se donnent et qui se reprennent, et bien que tout le monde t'appelle la vierge du Moulin-Rouge... oh ! pas pour se moquer de toi, mais parce que c'est la vérité, tu es une amoureuse, une vraie, une fidèle, tu es la femme d'un seul homme !

« En dehors de lui, rien n'existe et ne saurait exister... Pas vrai ?

— Oh ! si !...

— Pauvre gosse ! Tout à l'heure, j'ai croisé, sur le plateau, Guervé, qui m'a dit :

« — Je vais aller, avec ma femme, dire bonsoir à Marquita.

« J'ai été sur le point de lui crier :

« — N'y allez pas mes enfants !... Ça va faire du vilain !

« Mais je me suis dit aussitôt :

« Gaffe !... Et je l'ai fermée... tu penses. Seulement, je me suis bien doutée de ce qui allait se passer... que tu ferais bonne contenance devant lui et elle, mais qu'après qu'ils seraient partis, tu te casserais en deux comme une fleur à laquelle on vient de donner un coup de bâton...

« Il ne faut pas en vouloir à Jacques... Il est tellement chipé pour Marie-Thérèse, qu'il ne peut pas se figurer un seul instant qu'une autre pense à lui !...

— C'est horrible !

— Oui, j'en conviens... Qu'est-ce que tu veux, il est envoûté...

— Mme Guervé est si jolie, et elle semble tant l'aimer !...

— Oui, pour ça, ça marche bien... Un moment, j'ai cru qu'elle allait le plaquer... Tandis que lui turbinait, à s'en faire crever, pour lui assurer le luxe qu'elle exigeait, elle

— Je ne pourrai pas !

« Elle allait même jusqu'à s'afficher dans des boîtes de nuit avec des rastas et des gigolos !...

— C'est bien ce qu'on m'avait dit, soulignait la bohémienne.

— Et puis, tout à coup, ça s'est replâtré... on n'a jamais su pourquoi ni comment !... Maintenant, elle ne le quitte plus... C'est à croire qu'elle est vraiment chipée, et puis, ils vont avoir un enfant !...

— Un enfant !... s'étonnait douloureusement la danseuse...

— Ça ne se voit pas très bien... parce qu'elle s'arrange pour ça... mais n'empêche que ça y est !

« Voilà pourquoi, ma petite chérie, il ne faut pas te laisser aller... il faut te ressaisir... avoir du cran... Je sais bien que ce n'est pas commode... surtout que tu as rêvé que ton premier amour serait le seul de ta vie... Ah ! ça doit être très, très dur, mais il s'agit de se rebiffer... d'oublier...

— Je ne pourrais pas !

— On dit cela, et on y arrive.

— Je ne crois pas.

— J'en suis sûre.

— Vraiment ?

— Et je vais t'en donner tout de suite la preuve... Moi aussi, j'ai aimé... peut-être pas

de la même façon que toi... parce que nos deux cœurs ne sont pas faits de la même manière... et sais-tu qui j'ai aimé ?... Oh ! je ne te raconte pas de blagues... si tu ne me crois pas, tu n'auras qu'à le demander aux camarades...

— C'est inutile... Je sais bien que vous dites la vérité !...

— Eh bien ! déclarait la grande vedette, dont la voix tremblait d'une émotion qu'elle cherchait à contenir... Eh bien ! j'ai aimé Jacques Guervé.

— Vous ?

— Oui, moi ! Et quand j'ai su qu'il épousait une jeune fille du monde, je te jure que j'ai été très malheureuse !

« Il me devait sa situation... C'est moi qui l'avais sorti de l'obscurité... et l'avais présenté à Corbert...

— Alors il a très mal agi envers vous ! s'écriait Marquita.

— Mais non, ma petite, je n'ai pas voulu dire ça... et je ne l'ai même jamais pensé... Il s'est débrouillé... Il a fait sa vie comme il devait la faire.

« Il ne pouvait pas se marier avec moi... parce que, vois-tu, ce n'est pas moi que l'on pourrait appeler la Vierge du Moulin-Rouge... et puis, ça n'aurait pas marché...

« J'ai beaucoup souffert... de le voir à une autre... plus que personne ne l'a soupçonné... parce que, vois-tu, nous autres, femmes de théâtre, nous devons rester toujours nous-mêmes... et nous ne devons n'avoir qu'un amant : le public... car c'est encore lui le plus sincère et le plus fidèle !...

« Ça m'a réussi... Aujourd'hui ça ne me fait plus de mal, même quand je le vois avec sa femme. Nous sommes restés de bons camarades, c'est beaucoup... c'est même tout... et quand nous nous serrons la main, c'est sans arrière-pensée... j'ai perdu son amour, mais j'ai gardé son amitié... et l'amitié, vois-tu, ma poupée ! c'est encore ce qu'il y a de plus beau au monde !...

Réconfortée par l'affection clairvoyante que lui témoignait sa célèbre camarade, Marquita reprenait :

— Vous avez raison, Nono, mais moi je ne sais pas si je serai aussi forte que vous ! Je l'adore tant !...

— Du courage !...

— Je veux en avoir, mais en aurai-je assez pour vivre à jamais seule, toute seule ?...

— Alors, qu'est-ce que tu feras ?

Avec un calme impressionnant, la bohémienne répliquait :

— Je me tuerai !

— Toi ! s'écriait Nono-Manette, en l'attirant dans ses bras, si tu n'étais pas ma gosse, ma franginette, qu'est-ce que je t'enverrais comme paquet de savon !

« Tu tuer, toi ! Quand, à dix-neuf ans, on gagne deux cents francs par représentation, au Moulin-Rouge, qu'on est connue, qu'on a devant soi la perspective d'engagements mirobolatoïres... non, mais alors, ça me ferait croire que tu as reçu le coup de bambou !... Te tuer !...

« Ah ! mais tu vas me forcer à te raconter une chose que j'avais promis de garder pour moi. Mais tant pis, j'y vais de ma romance.

« Ma petite Marquita... je ne parle pas de tous les idiots qui t'envoient des corbeilles de fleurs, en y joignant leurs protestations enamourées... et qui se figurent que pour quelques billets de mille francs, ou simplement pour leur beau physique, ils vont obtenir tes faveurs sans discussion..

« Tu es au-dessus de cela... et ce n'est pas le genre d'hommes qui te convient... pas plus d'ailleurs qu'un de ces types plein aux as et qui entretiennent royalement leurs maîtresses, non pas parce qu'ils y tiennent... mais uniquement pour épater la galerie.

« Non, ma gosse, ce qu'il te faut à toi, c'est un homme qui t'aime vraiment, un honnête et digne garçon, artiste comme toi, pas un cabot... un vrai artiste... c'est ce que je veux dire... et qui t'aimera autant, et peut-être plus encore, parce que tu es une femme toute de talent, de droiture, et d'honnêteté, que parce que tu es à la fois belle et jolie.

« Celui-là ne te couvrira pas de diams ni de perlouses, mais il sera avant tout le compagnon de ta vie, l'ami des bons et des mauvais jours... Et tu seras très heureuse...

Marquita reprenait :

— Que vous êtes bonne de me parler ainsi !...

« Je vais essayer de vivre et même d'oublier... puisque vous me le demandez !...

— Ça, c'est gentil !

— Mais si je ne peux pas...

— Tu pourras !

— Je vous jure que j'y mettrai toute la bonne volonté dont je suis capable... Mais j'ai bien peur...

— De quoi as-tu peur ?...

— De ne pas rencontrer celui que vous appelez si bien le compagnon de nos existences...

— Ah ! si je n'avais pas juré ! s'exclamait Nono-Manette...

— Que voulez-vous dire ?... interrogeait la bohémienne blonde.

— Allons bon ! s'écriait la grande vedette du Moulin-Rouge, voilà que maintenant j'ai eu la langue trop longue !

— Oh ! si, parlez !... suppliait la danseuse.

« Malgré toutes les consolations que vous me prodiguez, j'ai encore tant besoin d'être réconfortée !

— C'est un secret... expliquait Nono-Manette... et crois bien que si cela ne tenait qu'à moi, je te le révélerais tout de suite...

« Mais j'ai encore une parole... et je ne peux rien dire... car si j'ai de grands défauts, je sais tenir un engagement... surtout quand c'est envers un copain que je l'ai pris...

Remarquant l'expression de tristesse qui se lisait sur le visage de sa camarade, Nono-Manette reprenait :

— Je puis tout de même te dire une chose, c'est que tu es vraiment aimée...

— Moi ?

— Oui, ma gosse !... Et par un garçon digne de toi... et qui, ma foi, vaut bien tous les Jacques Guervé... de la terre.

« Il a même sur lui un avantage : c'est qu'il n'est pas marié... qu'il est libre, entièrement libre...

« Seulement, il n'ose pas te faire la cour... c'est un timide... et puis, tu es encore tellement entichée de ton Jacques que j'ai été la première à lui conseiller de ne rien dire et de ne même pas te laisser soupçonner le sentiment qu'il a pour toi !...

« Ne compte pas que, ce soir, je t'en dise plus long... Mais réfléchis bien... et lorsque tu te seras rendu compte qu'avec Jacques Guervé tu poursuis un rêve irréalisable, ne fais ni une ni deux, viens me trouver et dis-moi :

« — Je me suis libérée de la tyrannie d'un amour impossible !...

« Je te dirai alors le nom de celui qui t'adore... mais ne t'en fais pas... il t'attendra !...

« Maintenant, prends ton manteau... viens ici que je donne un coup de main...

« Et puis, je vais te reconduire en auto jusqu'à chez toi...

« Quand tu auras la tienne, et tu l'auras dès que tu auras fait une tournée en Amérique, ce sera à ton tour de me trimbaler.

Et comme Marquita était prête à partir, elle s'écria :

— Embrasse-moi, ma gosse !... et surtout, du cran ! tu me l'as promis !...

— J'en aurai, fit Marquita en étreignant contre elle la brave fille qui venait de lui parler comme une sœur...

XI

OU L'ON VOIT LE MAGE CAGLIOSTRO JOUER UN ROLE PLUTOT ÉTRANGE

La jolie danseuse, tout en restant cruellement meurtrie, n'eût pas, en rentrant chez elle, la crise de désespoir à laquelle elle se fût certainement laissée aller si elle n'avait pas rencontré l'appui moral de Nono-Manette...

Elle se déshabilla et se coucha tranquille... cherchant le sommeil.

Comme il ne venait pas tout de suite, elle se remémora les conseils de sa camarade et elle fut obligée de convenir qu'ils étaient remplis de bons sens.

Malgré tout, elle se disait :

« Est-ce qu'on commande à son cœur !... Serai-je assez forte pour chasser de moi le souvenir de celui qui, sans le vouloir, s'en est emparé tout entier ? »

Tout d'abord, elle se dit :

« Non ! ce sera impossible !... »

Et de nouvelles larmes jaillirent de ses yeux...

Puis, insensiblement, tout d'abord floue, imprécise, puis se dessinant, se précisant avec plus de netteté, la pensée qu'elle était aimée par un être digne d'elle, ayant l'âme haute pour lui dissimuler le sentiment qu'elle lui avait inspiré, la saisit, l'empoigna avec une telle force progressive, mais irrésistible, que bientôt son esprit se concentra sur elle.

Elle se dit :

« Peut-être ce pauvre garçon souffre-t-il que je ne l'aime pas autant que je souffre moi-même de ne pas être aimée par Jacques... »

Et elle soupira :

— Comme il doit être malheureux !...

Alors, elle qui avait recueilli les demi-révélations de Nono-Manette avec une indifférence presque complète, se prit à se demander quel était celui qui l'aimait ainsi.

Déjà elle savait que ce n'était pas un « cabot », mais un véritable artiste... Elle en connaissait quelques-uns... des compositeurs notoires, qui étaient venus la prier, la supplier même, d'interpréter quelques fragments de leurs œuvres, dans son nouveau numéro, des auteurs dramatiques que lui apportaient chaque jour des sketches qu'ils avaient tout spécialement écrits pour elle, des peintres qui lui offraient de faire son portrait, des sculpteurs, dont l'un, membre de l'Institut, aspirait à modeler son buste...

Et les silhouettes de tous ces hommes, passaient dans sa mémoire sans qu'elle pût s'arrêter à l'une d'elles, et de dire :

— Ce doit être celui-là !

Dans son désarroi, au milieu de la tempête morale qui la bouleversait, la pauvre petite ne songeait même pas au seul à qui, après les confidences que lui avait faites Nono-Manette, elle aurait dû penser : Jean Beaunier.

Mais ce pur artiste, ce véritable poète musical, était de ceux qui ont la pudeur de leurs sentiments et qui, dans leur instinctive et noble fierté, se gardent de tout aveu tant qu'ils n'ont pas la certitude qu'ils ont des chances d'être favorablement accueillis.

Prévenu par Nono-Manette que le cœur de Marquita était déjà pris, il en avait éprouvé un profond chagrin intime... mais il avait été assez fort pour ne pas le faire voir à personne et encore moins à la principale intéressée...

Il avait continué à la faire travailler... avec le même zèle, la même ardeur que si elle n'était toujours pour lui qu'une interprète de premier ordre... Mais ni dans ses regards, ni dans ses paroles, il n'avait apporté la moindre de ces nuances qui suffisent pour faire comprendre que l'amour est en jeu.

Voilà pourquoi Marquita se perdait en conjectures...

N'était-ce pas déjà pour Nono-Manette une grande victoire que d'être arrivée à ce que la bohémienne occupât ainsi son esprit, en une recherche qui donnait à croire que son chagrin n'était pas inguérissable !

Toujours est-il que Marquita, lasse de s'acharner à la solution d'une énigme qui apparaissait indéchiffrable, finit par s'endormir et même par reposer paisiblement jusqu'au lendemain matin, et lorsque sa petite femme de chambre, Lucienne, s'en vint comme chaque jour, la réveiller vers neuf heurs, elle reposait encore.

Lucienne s'excusa de l'avoir éveillée.

— Mademoiselle, fit-elle, veut peut-être faire la grasse matinée?... Que Mademoiselle m'excuse... Mademoiselle ne m'avait pas prévenue... Si j'avais su, je ne l'aurais pas réveillée !...

Lucienne, soit dit entre parenthèses, était une brave petite fille, une vraie Parigote du faubourg Saint-Martin, qui désirait faire du music-hall... et qui, avec le but de s'y faufiler un jour, était entrée au service de la nouvelle vedette.

Son service était loin d'être parfait, mais elle était si pleine de bonnes intentions, et elle professait pour la nouvelle étoile du Moulin-Rouge une admiration si sincère, que Marquita, si peu habituée jusqu'alors à ce que l'on eût des attentions pour elle, se déclarait enchantée de sa gentille petite bonne.

Aussi lui répondit-elle avec bienveillance :

— Lucienne, ne vous tourmentez pas ainsi... vous avez très bien fait, au contraire, de me réveiller... car c'est mauvais de trop dormir... on s'alourdit... on s'empâte... et moi, cela m'est défendu...

— Je comprends ! déclarait Lucienne, en déposant, sur une table, le plateau sur lequel elle avait apporté le premier déjeuner ainsi que la correspondance...

Et elle ajouta :

— Maintenant, je peux bien le dire à Mademoiselle... j'ai eu très peur.

— Peur, et pourquoi ?

— Toujours, lorsque j'entre le matin dans la chambre, Mademoiselle est réveillée... et même debout...

— Eh bien ?...

— Lorsque j'ai vu Mademoiselle étendue dans son lit, sans bouger...

— Vous avez cru que j'étais morte... sourit mélancoliquement la danseuse...

— Oh ! non !... J'ai simplement pensé que Mademoiselle était souffrante !

— Vous vous êtes trompée, Lucienne.

— Je le vois bien, reconnaissait la femme de chambre... je trouve même que Mademoiselle a meilleure mine que d'habitude !

Et tout en aidant Marquita à passer le peignoir que, tout en parlant, elle avait été chercher sur une chaise, elle ajouta :

— Si Mademoiselle savait combien cela m'ennuie lorsque je la vois triste... Pourtant, Mademoiselle a tout pour être heureuse !...

La bohémienne ne répondit pas, et elle se dirigea vers la table...

Lucienne voulut elle-même lui verser le thé, mais Marquita lui dit :

— Ne vous donnez pas cette peine, Lucienne... Tout à l'heure, je vous appellerai.

La femme de chambre s'en fut, tout en se disant :

« C'est tout de même malheureux qu'une jolie femme comme elle n'ait pas d'amant !... Moi, si j'étais à sa place, j'aurais déjà mon hôtel particulier, mon auto, et au moins une maison de campagne autour du cou. »

Marquita, distraitement, prit un toast et le mangea du bout des dents... Ensuite elle avala quelques gorgées de thé...

Puis, elle dirigea son regard vers les quelques lettres qui s'étalaient sur le plateau... Elle en prit une négligemment et l'ouvrit sans hâte et en parcourut quelques lignes...

C'était une proposition d'engagement que lui adressait le directeur du Casino de Deauville... Elle n'y prêta aucune attention, bien qu'elle fût très brillante.

Son esprit était ailleurs... et, s'éveillant pour la première fois depuis de longues semaines, ce n'était pas vers Guervé que sa pensée s'était envolée, mais vers cet énigmatique amoureux dont, la veille au soir, Nono-Manette lui avait révélé l'existence...

Et elle recommença à dresser dans sa mémoire la liste des véritables artistes avec lesquels elle avait été en rapport, omettant toujours d'y ajouter Jean Beaunier.

Tout en se livrant à cette récapitulation inutile, mais qui, tout au moins, avait pour résultat de l'arracher momentanément à la tristesse que lui causait son amour déçu, elle continuait à décacheter son courrier, sans accorder, d'ailleurs, plus d'importance aux autres lettres qu'à la première.

La dernière, cependant, sembla l'intéresser... elle s'y arrêta davantage... et au lieu de la rejeter, comme les autres, sur la table,

elle la garda étalée devant elle... pour la relire une seconde fois...

Voici ce qu'elle disait :

« Mademoiselle,

« Ayant eu, l'autre soir, l'honneur et le « plaisir de vous applaudir, il m'a semblé « découvrir en vous certains signes parti- « culiers qui ont immédiatement éveillé ma « sympathique et respectueuse curiosité,

« Peut-être mon nom ne vous est-il pas en- « tièrement inconnu : je suis le mage Ca- « gliostro auquel, tout récemment encore, « l'éminent professeur J. E. Vatard consa- « crait, dans la *Revue des sciences et décou-* « *vertes modernes*, un article que je me per- « mets de joindre à ces quelques mots, et je « vous prie de bien vouloir en prendre con- « naissance... car il vous prouvera que je ne « suis pas de ces charlatans débitant des « mensonges, exploiteurs de la superstition « et de la bêtise humaine, mais au contraire, « un homme qui *voit*, qui *sait* et qui *veut*.

« Je crois, que dis-je, je suis sûr que j'ai à « vous faire certaines communications qui « ne manqueront pas de vous être, je le « crois, extrêmement intéressantes... sur « votre passé, d'abord... ensuite sur votre « présent, et enfin, sur votre avenir...

« Je tiens à vous dire tout de suite, afin de « bien vous prouver ma loyauté absolue, que « les consultations que je vous offre seront « absolument gratuites... Je tiens à vous dire « qu'il est indispensable que je vous voie le « plus rapidement possible...

« Je suis chez moi tous les jours... de quatorze à quinze heures...

« Veuillez me téléphoner... Auteuil 27-49,
« afin de m'annoncer votre visite, et soyez
« sûre que je serai charmé de connaître per-
« sonnellement la merveilleuse artiste que
« vous êtes.

« Agréez, mademoiselle, mes plus respec-
« tueux hommages...

« MAGE CAGLIOSTRO. »

Marquita s'empara ensuite de la découpure de journal que le devin avait jointe à sa lettre. Elle contenait un éloge dithyrambique du sorcier de la rue du Ranelagh et se terminait par ces lignes :

« J'ai passé de bons instants avec cet
« homme extraordinaire, qui dissimule sous
« le nom de Cagliostro la personnalité de
« l'un des plus grands savants du monde
« entier.

« J'ai assisté à un certain nombre de ses
« expériences sur les sujets qui viennent le
« consulter...

« Toutes, sans exception, ont été rigoureu-
« sement concluantes.

« Cagliostro, apôtre d'une science trop mé-
« connue, qui a pour but de sonder l'au-
« delà et qui, malgré les violentes attaques
« auxquelles elle a été en bute, a cependant
« donné d'inattaquables résultats, l'a élargie,
« développée et transformée de telle sorte
« que, d'une méthode basée jusque-là sur
« l'empirisme et par conséquent tâtonnante
« et sujette à l'erreur, il en a fait presque
« une des sciences exactes, bâtie sur les
« axiomes que nul ne s'aviserait de dis-
« cuter...

« Quand je devrais me faire insulter par
« les incrédules ou par toute la cohorte de
« ces matérialistes qui veulent que tout com-
« mence et que tout finisse avec nous, et qui
« renient, de parti pris, tout ce qui s'éloigne
« de leur réalisme grossier, j'affirme que Ca-
« gliostro n'est nullement l'aventurier que
« prétendent ces messieurs, mais un savant
« génial, doublé d'un grand honnête
« homme. »

Marquita n'avait pas besoin de ce certificat, donné au mage par le professeur Vatard, dont elle ignorait entièrement le nom jusqu'à ce jour et qui, d'ailleurs, passait parmi ses confrères pour être quelque peu « ralenti », pour se décider à se rendre chez Cagliostro.

D'abord, qui sait s'il n'avait pas découvert le secret de sa naissance... et puis... sans doute, il lui révélerait le nom de celui qui l'aimait dans l'ombre.

Elevée dans ce milieu de bohémiens superstitieux, elle ne pouvait être, forcément, que très crédule.

La vieille Tina avait exercé sur elle, dès son enfance, une sorte d'influence mystique qui la prédisposait à prêter une oreille complaisante à quiconque lui eût fait la même proposition que Cagliostro.

Aussi n'hésita-t-elle pas longtemps à s'emparer de son téléphone et à demander le numéro du mage.

Ce fut Achab qui lui répondit.

Conformément aux instructions que lui avait données son maître, il répondit à la danseuse que le mage Cagliostro l'attendait le jour même, à deux heures de l'après-midi.

Il lui recommanda d'être très exacte... La journée du maître étant très chargée.

A l'heure dite, Marquita, qui portait déjà avec beaucoup de chic sa toilette de Parisienne, pénétrait dans l'hôtel de la rue du Ranelagh.

Elle fut accueillie avec le même cérémonial qui avait accueilli Marie-Thérèse Guervé...

Elle n'en fut, d'ailleurs, nullement impressionnée, et ce fut avec ce calme parfait que lui inspirait sa confiance en celui qui l'avait appelée, qu'elle pénétra dans le cabinet de consultation.

Très accueillant... très gentleman, Cagliostro s'avançait vers elle, en disant :

— Je suis vraiment très touché que vous soyez venue me voir aussi promptement...

« J'espère, mademoiselle, que vous n'aurez pas à regretter l'empressement que vous avez mis à me rendre visite.

Il la fit asseoir dans le fauteuil placé devant sa table de travail, et il s'en fut se placer de l'autre côté, en face d'elle.

Marquita ne se sentait nullement intimidée... L'aspect physique de Cagliostro et son accueil, tout de simplicité bienveillante, grandissait la confiance que, d'avance, elle était décidée à lui accorder...

Le mage, qui se rendait parfaitement compte de l'état d'esprit de sa cliente, en parut très satisfait.

— Mademoiselle, fit-il, vous êtes l'un des plus extraordinaires sujets qu'il m'ait été donné de rencontrer... Je me sens déjà en communication directe avec vous...

« C'est même extraordinaire ce que je vois déjà... Voulez-vous me permettre de vous fixer bien dans les yeux ?

— Mais oui, monsieur.

— Je vous demanderai surtout de ne pas fuir mon regard.

« Il est indispensable que nos deux « pôles » magnétiques, demeurent quelques instants en contact direct, absolu, si vous voulez que l'expérience réussisse dans toute son ampleur... et je vous assure qu'elle en vaut la peine.

— Vous pouvez me regarder, monsieur, répliqua Margaret, je ne baisserai pas les yeux.

En effet, sans baisser, sans même remuer les paupières, elle soutint, pendant près d'une minute, l'éclat du véritable sunlight qu'était le regard du devin.

— C'est bien, fit-il, je suis content, très content.

« Maintenant, vous n'avez plus qu'à m'écouter... vous voyez que ce n'était pas bien long.

— En effet, approuvait Marquita, aussi éblouie que si elle avait reçu en plein visage le faisceau lumineux d'un puissant projecteur.

Cagliostro attendit un instant qu'elle se fût remise, et dès que ses paupières eurent cessé de papilloter, il reprit :

— Bien que j'aie déjà, chère mademoiselle, des révélations très intéressantes à vous faire, ne vous attendez pas que, dès notre première entrevue, elles soient complètes et surtout décisives...

« Il faudra que vous reveniez me voir une ou plusieurs fois avant que je sois fixé, notamment sur vos origines.

— Je reviendrai tant que cela sera nécessaire, déclarait la danseuse.

Le devin reprenait :

— Cependant, dès aujourd'hui, je vais
pouvoir vous dire des choses intéressantes.

« Ainsi, j'ai la certitude absolue que vous
êtes de sang royal...

— Moi ?

— Oui, vous. Voilà quant au passé... mais,
pour l'avenir, j'ai mieux à vous dire encore.

— Vraiment ?

— Ecoutez-moi bien, et surtout n'allez pas
croire un seul instant que j'ai cherché à me
moquer de vous ou que je m'égare dans des
chimères...

Et gravement, Cagliostro scanda :

— Un jour vous serez reine.

Contrairement à son attente, la jeune fille
ne parut pas surprise de cette prédiction formidable.

Elle se contenta de murmurer :

— Tina me l'avait prédit... un jour... mais
je ne l'avais pas crue.

— Tina ? déclarait le mage, qui semblait
connaître à fond l'existence de la bohémienne, qui vous a pour ainsi dire élevée.

— Oui, maître. Vous l'avez connue ?

— Non. Mais son âme rôde autour de
vous.

— Elle était méchante.

— Oui, mais il vous faut lui pardonner...
car c'est elle qui détient le secret de votre
naissance, et elle vient de me souffler à
l'oreille que vous n'étiez pas bohémienne,
mais fille de roi... et il n'y a qu'elle qui
puisse nous dire toute la vérité.

— Je lui pardonne, fit Marquita.

Cagliostro reprit :

— Alors, elle reviendra bientôt, et cette
fois elle me dira tout.

« Maintenant, reprenait le mage, occupons-nous un peu du présent.

— Volontiers ! acceptait la pauvre petite.

D'un ton plein de compassion, le mage
reprenait :

— Vous êtes très malheureuse, n'est-ce
pas, ma petite ?...

Marquita reprenait :

— A quoi bon vous le cacher, puisque
vous savez tout.

— Je sais même pourquoi, répliquait Cagliostro... Vous aimez sans espoir de retour
un jeune artiste nommé Jacques Guervé.

— C'est vrai ! reconnaissait Marquita,
subjuguée par son interlocuteur, qu'elle considérait de plus en plus comme un être surnaturel.

— Ma chère enfant, poursuivait ce dernier, je vais certainement vous porter un
coup terrible, mais je n'ai pas le droit de
vous dissimuler la vérité, ni vous laisser cir-
convenir par des espérances qui ne sauraient
se réaliser.

Et avec force, il martela :

— Il faut, vous m'entendez, il faut à tout
prix que vous oubliiez ce jeune homme.

— C'est ce que me disait hier ma camarade Nono Manette, déclarait Marquita d'une
voix tremblante.

— Elle faisait preuve ainsi d'une rare
clairvoyance, déclarait le devin.

— Alors, interrogeait timidement la jolie
danseuse, il ne m'aimera jamais ?

— Hélas ! non.

— Mon Dieu ! fit la bohémienne blonde,
en se cachant la tête entre les mains.

Cagliostro la regarda pendant un instant, puis, se levant, il s'en fut vers elle, et tout en posant doucement sa main sur son épaule, il fit :

— Je sais que vous êtes la plus honnête fille qui se puisse imaginer et que jamais vous ne vous êtes laissée aller à cette griserie des sens, si fréquente dans les milieux où vous vivez.

« Vous voulez être à un homme, mais à un seul ?

— Oui.

— Eh bien, ma chère enfant, est-ce à votre âge qu'un cœur doit désespérer parce qu'il a été arrêté dans son premier élan ?

« Ce Jacques Guervé vous a fait vivre, j'en conviens, un véritable conte de fées... Il vous a libérée de la servitude dans laquelle vous viviez, et de la tyrannie de ces brutes qui avaient fait de vous leur souffre-douleur, leur esclave. Il vous a fait vivre un véritable conte de fées... Il était fatal que vous considériez en lui le prince charmant... chère petite belle au bois dormant, qui n'avez pas sommeillé pendant des siècles, mais dont l'âme n'a commencé véritablement à s'éveiller qu'au contact de ce beau et charmant garçon... mais il est à une autre qu'il aime et dont il est plus aimé qu'on ne pourrait le croire... Vous n'êtes pas de celles qui se complaisent à briser un ménage. Quand bien même le désireriez-vous, vous n'y parviendriez pas.

« Je suis cruel de vous parler ainsi... mais j'aime mieux vous faire souffrir très fort... tout d'un coup, que de me taire et encourager par mon silence ce rêve qui ne sera jamais réalisé.

« Peut-être en ce moment me maudissez-vous ?...

— Non, affirmait Marquita, je vous écoute en souffrant, mais je vous crois et je vous remercie, puisque c'est pour mon bien que vous me parlez ainsi.

— Je suis satisfait que vous soyez aussi raisonnable.

« D'ailleurs, si le présent est pour vous très douloureux, j'ai maintenant la joie de vous annoncer que votre avenir vous réserve, peut-être plus tôt que vous ne le pensez, mieux que des compensations au sacrifice que vous devez vous imposer, mais une récompense magnifique à l'abnégation dont vous allez faire preuve en renonçant à Guervé.

— Est-il possible ! fit Marquita, un peu troublée.

— C'est mieux que possible, déclarait le mage, c'est certain.

« Quand je vous disais, il n'y a qu'un instant, que Jacques Guervé aimait sa femme d'un si grand amour que, quels que soient les heurts que la vie réserve aux humains, ils ne connaissent jamais la défaillance, vous vous êtes dit, en songeant à votre rivale : « Qu'elle est heureuse ! »

— C'est vrai !

— Et vous vous demandez : « Saura-t-elle apprécier son bonheur ? »

— Comme vous lisez bien en moi !

— Je n'ai pas grand mérite... Votre âme est si claire... Et c'est ce qui va me permettre de vous définir :

« Vous êtes une grande amoureuse, mais une amoureuse qui veut, avant tout, être aimée.

— C'est juste.

— Et maintenant, s'animait Cagliostro, j'en arrive au moment où il va m'être enfin donné d'apaiser les larmes que j'étais obligé de faire couler.

Et d'un ton d'une douceur pleine de gravité, le mage articula.

— Vous êtes aimée... mon enfant, comme vous êtes digne de l'être.

Marquita tressaillit.

— Qu'avez-vous ? demanda le mage.

Aussitôt, la jeune fille reprit :

— C'est ce qui m'a été dit hier par mon amie Nono Manette.

Cagliostro réprima un léger mouvement de mécontentement. Puis, toujours avec la même affectueuse bonhomie, il demanda :

— Vous a-t-elle dit son nom ?

— Elle n'a pas voulu, répliquait la danseuse, car il paraît que c'est un secret... elle m'a simplement dit que c'était un grand artiste. Alors, j'ai cherché parmi tous ceux que je connaissais et je n'ai pas trouvé...

En homme parfaitement sûr de lui, le devin reprit :

— Votre amie Nono Manette, sans doute afin d'en profiter vous a induite en erreur. Vous êtes aimée non pas par un artiste célèbre... mais par un véritable grand seigneur ; je n'éprouve aucune difficulté à vous le nommer... à la condition que vous vous engagiez formellement à ne le répéter à personne... pas même à Nono Manette, ce que je vais vous dire.

— Je vous le promets, acquiesçait la jeune fille.

Et elle ajouta, contemplant avec ferveur *l'homme surnaturel* :

— Moi, qui n'ai jamais manqué de parole à quelqu'un, comment serais-je capable de ne pas tenir celle que vous m'avez demandée ?

— Je suis tranquille, affirmait Cagliostro.

Et lentement, presque solennellement, il fit :

— Celui qui vous aime n'est autre que le comte Willy Zermatt, dont la femme, qui était devenue folle à la suite d'un grave accident d'automobile, s'est suicidée, il y a trois mois environ, en se jetant dans une rivière aux environs de Moret, en Seine-et-Marne.

« Vous dire qu'il n'a pas été très peiné de la disparition tragique de cette malheureuse serait aussi faux que si je vous affirmais qu'il a été violemment bouleversé. Leur mariage avait été, avant tout, un mariage de convenances... Le cœur n'était pas en jeu.

« Voilà pourquoi, le comte Zermatt, en voyant votre portrait dans un journal, s'est tout de suite intéressé à vous... Il a voulu vous connaître...

« Malgré son grand deuil, il s'est rendu, camouflé, au Moulin-Rouge, et vous avez exercé sur lui une telle attirance, qu'il n'a pu résister au désir d'y retourner plusieurs fois... et actuellement il est tellement épris de vous, qu'il est résolu à vous épouser.

Marquita n'en croyait pas ses oreilles.

Il lui semblait que c'était un nouveau conte de fées qu'elle était en train de vivre.

Spontanément, poussée par une curiosité qui n'était qu'à demi satisfaite, elle s'écria :

— Est-ce lui qui vous a fait ses confidences, ou est-ce vous qui avez deviné tout cela ?

Avec une assurance parfaite, Cagliostro répondait :

— Je pourrais vous dire que le don de double vue que je possède a suffi pour pénétrer le mystère de votre cœur et le sien.

« Mais ce serait en dehors de la vérité, et je n'ai jamais permis à un mensonge d'effleurer ma bouche.

Et avec franchise, il scanda :

— Le comte Zermatt est venu il y a quelques jours me demander une consultation à votre sujet.

« Je lui avais demandé, ainsi que j'en ai l'habitude, de m'apporter deux lignes de votre écriture et un objet qui vous ait appartenu.

« Vous avez dû recevoir le lendemain la visite d'un journaliste qui vous demandait de lui donner un autographe, afin de le faire reproduire dans *Comœdia*.

— Je m'en souviens parfaitement.

Le soir même, votre habilleuse remettait au comte Zermatt une petite lime à ongles qu'elle avait dérobée dans votre loge... Je vais vous la rendre... et je vous demande de ne pas gronder cette pauvre femme.

— Cela n'en vaut vraiment pas la peine, déclarait Marquita.

Cagliostro répliquait :

— Je n'en attendais pas moins de votre bon sens...

Puis il reprit :

— Je continue... Muni de ces deux objets qui me suffirent amplement... l'un, l'autographe, pour connaître entièrement votre caractère, l'autre pour établir entre votre pensée et la mienne, une véritable correspondance dont seul j'étais capable de re-

cueillir les résultats ; il me fut très facile de tout deviner.

— C'est prodigieux.

— Ne croyez pas cela ! faisait le mage !... Je vous assure qu'il était beaucoup plus difficile de découvrir la T. S. F. que d'utiliser le don de double vue qui existait en moi depuis ma naissance.

« Mais j'abrège. Bref, par les avertissements que vous m'avez envoyés sans que vous vous en doutiez, et par ceux que, mentalement ou moralement, j'avais reçus du comte Zermatt, j'avais établi deux premiers faits absolus : le premier, que vous aimiez Jacques Guervé... le second, que Zermatt vous aimait. Alors, j'ai sondé l'avenir... J'ai regardé devant moi... et mon regard n'a pas eu besoin de se porter sur de lointains horizons... Il s'est arrêté tout de suite, presque au premier plan du paysage... et savez-vous ce que j'ai vu dans un adorable décor de parc féerique ?... deux êtres tout de beauté et de jeunesse qui s'étreignaient longuement... L'un était le comte Zermatt, l'autre était vous.

Et sans donner à la jolie danseuse le temps de lui répliquer, Cagliostro poursuivait :

— Quoique vous vous en défendiez encore, vous allez bientôt vous apercevoir, et c'est déjà presque fait, que l'amour que vous portiez à Guervé était seulement fait de reconnaissance et d'amitié...

« Mais lorsque vous vous serez trouvée en face de l'autre, lorsque vous aurez senti son regard vous envelopper de sa caresse, sa voix harmonieuse vibrer à vos oreilles, vous l'aimerez... autant qu'il vous adore... et c'est celui-là qui sera l'homme de votre vie.

« Aussi, ma chère enfant, ne le repoussez pas s'il vient frapper à votre porte... Accueillez-le, au contraire, comme le messager du bonheur... Ne retardez pas le cours d'un destin qui doit vous emporter tous les deux vers des sommets radieux et magnifiques.

Cagliostro avait terminé son discours avec un accent tellement inspiré, tellement sincère, que Marquita, lui prenant les mains, s'écriait, littéralement envoûtée par ce mage qui dégageait une force puissante, à laquelle il était impossible de résister :

— Jacques Guervé m'avait sauvée des bohémiens... Vous, vous me sauvez du désespoir...

« Dans Jacques, je ne veux plus voir désormais qu'un frère... et en vous...

Elle s'arrêta, confuse, rougissante...

Et Cagliostro compléta, en embrassant au front celle qu'il cherchait à lancer dans les bras de l'aventurier que nous connaissons :

— Vous pouvez dire un père !

X

DÉSESPOIR

Le soir, en arrivant au Moulin-Rouge, Marquita monta plus allégrement que de coutume l'escalier qui conduisait à sa loge.

Se croisant avec Nono Manette, qui descendait en scène, elle lui lança presque gaiement :

— Bonjour, Nono !

La grande vedette s'écria :

— On dirait que ça va mieux.

La danseuse répliquait :

— Vos conseils m'ont fait beaucoup de bien.

— J'en suis ravie, et je ne souhaite qu'une chose : c'est que tu ne sois plus malheureuse.

— Vous avez mis en moi un peu d'espérance...

— Alors, tout va bien... Mais tu me raconteras cela tout à l'heure, pendant l'entr'acte... car je ne voudrais pas rater mon entrée.

Tandis que Nono, vivement, regagnait le plateau, Marquita gravit les marches et atteignit la loge dans laquelle la mère Tarte aux Fraises se tenait, racontant pour la première fois à l'habilleuse de Nono Manette, qui s'appelait tout simplement Mme Pieté, comment elle avait failli, à vingt ans, devenir la favorite du prince de Galles, devenu ensuite le roi Edouard VII d'Angleterre.

Marquita parut dans la loge. A peine en avait-elle franchi le seuil, qu'elle s'arrêta en poussant un cri d'admiration.

Elle venait d'apercevoir sur la table une magnifique corbeille de roses multicolores, dont les teintes variées s'harmonisaient délicieusement et dont les senteurs se mélangeaient, pour ne former qu'un seul parfum d'extase et de rêve...

— Qui m'a envoyé cela ? demandait la bohémienne blonde à la mère Tarte aux Fraises, qui l'avait rejointe.

— Je ne sais pas, mademoiselle... répliquait l'habilleuse, mais il y a une enveloppe attachée au ruban... Vous n'avez qu'à l'ouvrir... comme ça, vous saurez.

Tout en décachetant le message, Marquita se disait :

« En tout cas, c'est le cadeau d'un homme de goût... je n'ai jamais vu d'aussi belles roses, ni des fleurs aussi artistement présentées... »

Et s'emparant de l'enveloppe qui contenait la carte, elle lut ceci :

Comte WILLY ZERMATT

« a l'honneur de présenter tous ses respec-
« tueux hommages à l'admirable artiste, à
« la femme adorable entre toutes qu'est
« Mlle Marquita, et la prie instamment de
« bien vouloir le recevoir entre le premier
« et le second acte de la revue. »

La danseuse se dit :

« Il ne perd pas de temps !... Mais pourquoi l'éconduirais-je ?... »

Et, dominée par l'ascendant que Cagliostro avait pris sur son âme naturellement crédule en encore pétrie de toutes les superstitions que la vieille Tina y avait mises, elle songea :

« Si vraiment il doit être l'homme de ma vie... il ne sera jamais trop tôt pour le connaître... »

Et après avoir enfermé la carte dans son sac, elle commença à se transformer en bohémienne.

Lorsque son tour arriva de paraître en scène, il lui sembla que son cœur battait plus fort que de coutume.

Elle pensait en effet que le comte Zermatt devait être dans la salle. Mais elle n'était pas de ces cabotines qui oublient parfois totale-

ment le rôle qu'elles ont à jouer pour chercher si, parmi les loges, dans les baignoires ou dans les avant-scènes, elles ne reconnaissent pas l'ami du jour ou celui du lendemain.

Une fois qu'elle était en face du public, elle oubliait tout, pour se consacrer entièrement à son art, pour vivre le personnage qu'elle incarnait... interpréter, extérioriser les sentiments dont elle était animée, en un mot se montrer exclusivement une artiste vibrante et sincère... Et c'était là tout le secret de son triomphe. Jamais encore autant que ce soir-là, elle ne s'était surpassée.

Cinq fois, elle dut revenir saluer les spectateurs qui l'ovationnaient, et comme elle se heurta à Nono-Manette :

— Bravo, ma chérie, ça va ! ça va même très bien, et si tu continues ainsi, je ne tarderai pas à te révéler le nom de ton amoureux.

Marquita ne lui répondit pas.

Ainsi qu'elle l'avait dit à Cagliostro, elle n'avait qu'une parole... mais lorsqu'elle remonta dans sa loge, elle ne put s'empêcher de sourire en pensant :

« Mon amoureux, je le connais, et je vais même le recevoir tout à l'heure. »

Après avoir réintégré sa loge, au lieu de se déshabiller, ainsi qu'elle en avait l'habitude, elle conserva son costume de bohémienne, qui lui allait d'ailleurs à merveille et ajoutait encore à l'originalité de son charme et de sa beauté.

Elle n'attendit pas très longtemps, deux minutes environ, au bout desquelles la mère Tarte aux Fraises, qu'elle avait priée de rester dans le couloir, frappait à la porte.

— Entrez, fit la danseuse.

L'habilleuse apparut... tenant une carte à la main... C'était celle de Willy Zermatt, qu'elle remit à Marquita.

Tandis que celle-ci la regardait, la mère Tarte aux Fraises lui murmurait à l'oreille :

— Vous en avez de la chance !... C'est le plus bel homme que j'aie jamais vu !..

— Faites entrer, ordonnait la danseuse...

L'habilleuse retourna dans le couloir... et ramena le comte Zermatt, qui pénétra aussitôt dans la loge de l'artiste, tandis que, lentement, comme à regret, la mère Tarte aux Fraises refermait la porte.

Marquita s'était levée pour accueillir son visiteur...

Celui-ci, qui portait le frac avec une élégance qui n'appartenait qu'à lui, s'inclina respectueusement devant elle.

Tout en lui offrant un siège, la bohémienne blonde l'examinait à la dérobée...

Elle était de l'avis de l'habilleuse... jamais elle non plus ne s'était trouvée en face d'un aussi bel homme.

Mais ce qui acheva de l'impressionner et n'allait pas tarder à la conquérir, ce fut l'expression de douceur, de bonté et de simplicité dont le fils du bagnard avait su se faire le plus dangereux des masques.

Nous avons vu plus haut que, dressé à l'école paternelle, il savait être le plus habile des comédiens. Dans la scène qui va suivre, il allait se surpasser encore...

— Mademoiselle, attaqua-t-il, de cette voix que l'on avait souvent et justement comparée au chant d'un violoncelle, je ne saurais vous dire à quel point je vous suis reconnaissant d'avoir consenti à interrompre en ma faveur la consigne que vous aviez donnée de ne laisser pénétrer personne dans votre loge.

— Je ne reçois en effet personne, déclarait Marquita, et si j'ai fait une exception pour vous, c'est que je savais que vous êtes un vrai gentleman.

— Serait-il indiscret, mademoiselle, de vous demander quelle est la personne qui vous a renseignée d'une façon aussi flatteuse pour moi ?

— Je ne puis vous le dire, monsieur, déclarait Marquita... Qu'il vous suffise, pour l'instant, de savoir que je trouve magnifiques ces belles roses que vous m'avez envoyées. On dirait que vous avez deviné qu'elles étaient mes fleurs préférées...

— Mademoiselle, je suis enchanté d'avoir si bien réussi... et puisqu'elles vous ont fait plaisir, je vous demanderai la permission de les remplacer souvent.

— De temps en temps seulement.

— Pourquoi pas tous les jours ?

— Parce que ce serait me compromettre.

— Telle n'est pas mon intention.

— J'en suis persuadée.

Dupée par la distinction naturelle, l'attitude et le langage du beau Willy, Marquita reprenait, avec un aplomb qu'elle ne se connaissait pas et qui l'étonnait elle-même :

— Bien que vous ayez un nom presque étranger, vous êtes certainement Français ?

— Oui, mademoiselle. Je suis né, et j'ai presque toujours vécu à Paris. Je suis même Français de naissance. Mon père, qui descendait en ligne droite des Zermatt, qui ont régné jadis en Hébérie, s'était fait naturaliser français...

— Vous avez encore vos parents ?

— Hélas ! non, mademoiselle.

Et, avec une teinte de mélancolie pleine de tact, il ajouta :

— Je suis seul au monde.

— Comme moi ! laissa échapper la danseuse.

— J'ai lu votre histoire dans les journaux, reprenait le don Juan des grands bars. Je l'ai trouvée très belle, très émouvante... Cependant, permettez-moi de vous dire que je ne trouve rien en vous de la race bohémienne... mais que vous représentez au contraire le type idéalement pur de l'Anglo-Saxonne.

— C'est ce qu'on m'a dit souvent, déclarait Marquita... D'ailleurs, cela n'aurait rien d'étonnant que je fusse d'origine anglaise ou américaine... car je suis une enfant volée, et tout ce que j'ai pu surprendre en écoutant par les bohémiens qui m'avaient emmenée lorsque je n'avais pas encore l'âge de raison, c'est qu'ils m'avaient soi-disant trouvée dans le Nord...

— En tout cas, affirmait Zermatt, vous n'êtes ni Hollandaise, ni Suédoise... ni Allemande...

« Et puis, qu'importent d'ailleurs vos origines, puisque vous êtes la plus adorable... et si je ne craignais pas de vous offusquer, je dirais...

Habilement, il se tut...

De plus en plus conquise, et même assez troublée, la bohémienne blonde invitait :

— Dites.

Avec un frémissement de passion contenue, Willy murmurait :

— Et la plus adorée...

Marquita exhala un profond soupir... Etait-ce parce que tout à coup sa souffrance endormie venait subitement de se réveiller et que Jacques lui était apparu, obstacle infranchissable, entre le comte Zermatt et elle ?

Etait-ce, au contraire, parce qu'elle subissait beaucoup plus rapidement qu'elle ne l'eût pensé elle-même le véritable enveloppement dont le don Juan des grands bars cherchait à l'envelopper ?... C'était du moins ce que se demandait l'astucieux tacticien qu'était en amour le fils de l'ex-baron Mirador.

Il voulut s'en assurer prudemment, sans brusquerie, avec toute la discrétion que commandaient les circonstances, tout le tact qui était indispensable au succès de son entreprise.

Feignant une vive contrariété, il reprenait :

— Pardonnez-moi, je le vois bien, je vous ai blessée... Mais je vous en prie, accordez-moi toute votre indulgence.

« Si vous avez la pensée que vous avez devant vous un homme entreprenant qui cherche simplement une agréable et facile conquête, chassez-la vite, bien vite, je vous en supplie.

« Vous n'êtes pas seulement celle qu'on aime, mais aussi celle qu'on respecte. Il ne faut pas qu'il y ait le moindre malentendu entre nous.

« Jamais, je vous le jure, je n'ai eu l'outrageante intention d'être votre ami... Mais mon plus ardent désir... que dis-je, la seule raison d'être de ma vie est que vous soyez un jour ma femme.

Et sans permettre à la jolie danseuse de placer un seul mot, avec une volubilité, une véhémence, qu'une jeune fille aussi peu expérimentée que Marquita ne pouvait prendre que pour la plus chaleureuse et la plus sincère des éloquences, le conquérant professionnel poursuivait :

— Ne croyez pas, si, je veux l'espérer, ce rêve que je poursuis se réalise un jour, que je vous enlèverai à votre art, que vous aimez tant. Non ! Je n'en aurais pas le droit... Car ce serait un crime de priver le monde du véritable génie poétique qui est en vous...

« Mais au lieu de vous laisser continuer dans les music-halls une carrière qui s'annonce comme une des plus belles que l'on ait jamais vues, je voudrais que vous eussiez votre théâtre à vous... théâtre d'où seraient bannies toutes les trivialités au milieu desquelles vous apparaissez tel un lis radieux qui aurait poussé dans la cour d'une ferme.

« Ma fortune me permet amplement d'exécuter rapidement ce projet qui ferait du théâtre Marquita le plus beau sanctuaire du monde entier.

« Ne me dites pas, surtout, je vous en conjure, que vous ne voulez pas.

« Ne me brisez pas le cœur par un refus définitif...

« Demandez-moi le temps de réfléchir, et mon impatience s'accommodera de cette réponse, tant j'espère que, convaincue de la sincérité de mon immense amour, vous ne passerez pas à côté du bonheur que je veux égal pour nous deux et grand comme le monde même.

Lorsque Zermatt eut fini de parler, Marquita, étourdie, grisée, se disait :

« Ainsi, c'est le plus bel homme du monde qui me parle ainsi ?...

« Et il me semble aussi le meilleur. Voilà donc les horizons dont parlait Cagliostro... Un théâtre à moi... un théâtre uniquement d'art !... Ce serait admirable !... »

Et d'une voix hésitante, elle reprit :

— Tout ce que vous venez de me dire, monsieur, ainsi que vous pouvez vous en rendre compte, m'a bouleversée à un point que je ne saurais vous dire...

« Ainsi que je vous l'ai dit : j'ai besoin de réfléchir...

— Quand pourrai-je revenir ? interrogeait Zermatt en se composant une attitude anxieuse.

— Demain répondit la danseuse, en lui tendant la main.

Il s'en empara et y posa sa bouche, dont la caresse discrètement voluptueuse fit courir un frisson dans les veines de Marquita.

Puis, relevant la tête, et enveloppant la pauvre petite d'un tel regard, qu'elle manqua de défaillir et tomber dans ses bras, l'invincible séducteur fit simplement :

— Je reviendrai demain à la même heure...

Et il s'en fut, persuadé qu'avant huit jours, suivant les instructions que lui avait données son père, il serait l'amant de la bohémienne blonde.

Celle-ci demeura un instant figée sur place... Tout ce qui venait de lui arriver depuis vingt-quatre heures la laissait pantelante sous le choc d'événements aussi sensationnels qu'imprévus...

Quel ange ou quel démon rôdait donc autour d'elle, pour qu'elle, qui, la veille encore, pleurait son amour impossible, ce soir se sentait pénétrée mieux que par le rayonnement de l'espérance, c'est-à-dire par la flamme du bonheur ?...

Incapable de se défendre, elle ne cherchait pas à se raccrocher au passé. Une sorte de force impérieuse semblait, au contraire, lui imposer de faire table rase de tout ce qui avait existé avant la visite du comte Zermatt.

Le parfum des roses achevait de l'enivrer... Elle en prit une, voulut la respirer... puis d'un geste impulsif, elle la mordit et il lui sembla que c'était le sang d'une fleur qu'elle buvait et qui faisait pénétrer en elle la douceur exquise d'un parfum céleste.

On frappait à la porte...

Elle n'entendit pas... La porte s'entr'ouvrit tout de même...

La mère Tarte aux Fraises avança la tête en disant :

— Le deuxième acte s'avance, voulez-vous que je vous aide à vous déshabiller ?

Marquita fit un signe de tête affirmatif, et la vieille aida la danseuse à se débarrasser de ses oripeaux.

Lorsqu'elle n'eut plus qu'à se démaquiller, Marquita renvoya la mère Tarte aux Fraises, qui avait fini par l'agacer en lui posant toutes sortes de questions sur le « beau monsieur qui venait de rester si longtemps avec elle ». Questions auxquelles, d'ailleurs, la bohémienne blonde opposa le mutisme le plus absolu...

Mais elle ne devait pas rester seule longtemps...

En effet, un quart d'heure après, comme Marquita était en train de donner un coup de peigne à ses jolis cheveux blonds naturellement ondulés, un coup de poing retentissait dans la porte, en même temps qu'une voix s'élevait dans le couloir :

— C'est moi, Nono !... On peut entrer ?...

Marquita s'en fut ouvrir elle-même à la grande vedette... qu'elle fit aussitôt pénétrer dans sa loge.

— Est-ce vrai, ce qu'on raconte ? s'écriait la grande vedette.

— Quoi donc ? interrogeait la danseuse ?...

— Que tu as reçu un type épatant, même que la mère Tarte aux Fraises est en train de brailler dans toute la maison qu'elle n'a jamais vu un aussi bel homme !

Et, avisant la corbeille de roses, elle ajouta :

— Les belles fleurs ! C'est lui qui t'a envoyé ces belles roses ?

— Ma chère Nono, répliquait Marquita, à vous moins qu'à personne, je n'ai le droit de faire des cachotteries... Il est exact que j'ai eu tout à l'heure la visite de quelqu'un... J'ignore s'il est le plus bel homme de la terre... en tout cas, vous devez le savoir aussi bien que moi ?

— Pourquoi ?

— Mais parce que je ne doute pas un seul instant que ce ne soit l'amoureux dont vous m'avez parlé hier.

— Ça m'étonnerait ! fit Nono, en jetant un rapide coup d'œil vers la corbeille.

— Ça doit être lui, et comme je n'ai pas de secrets pour vous, je vais tout de suite vous dire son nom : comte Willy Zermatt.

— Comte Willy Zermatt ! répéta la vedette du Moulin-Rouge en fronçant les sourcils...

Alors, mon petit, tu te mets le doigt dans l'œil jusqu'au coude.

« Et il te plaît, ce zigoteau-là ?...

— Comment dites-vous ?

— Ce type-là, quoi !

— C'est-à-dire que...

— Tiens, ne m'en dis pas plus long sur ce Zermatt !... le même... dans le temps, il m'a fait du plat... comme à toutes les poules... Oh ! alors, il n'en menait pas large... et vivait d'expédients... Il était déjà pourtant le chéri de ces dames, mais quelles dames !... des traînées de dancing quand il avait faim, des filles de bar quand il avait soif... Et puis, un beau jour, il est devenu tout à coup fringant... Il a eu sa fameuse soixante... des bijoux... il s'est mis à fréquenter les endroits chics... On a raconté qu'il était entretenu par une poule de luxe... mais ça n'est pas vrai...

« Il avait fait la connaissance d'un certain baron Mirador, que nous appelions le roi des snobs, parce que toute la bande des abrutis dont je t'ai déjà parlé lui obéissait à l'heure et à la course, au doigt et à l'œil... Mais j'ai toujours pensé qu'il devait y avoir au moins un cadavre entre ces deux oiseaux-là... le baron l'a lancé... l'a fait épouser la fille d'un banquier, puis, naturellement, au bout de deux ans, il y a eu divorce... et puis, ton Zermatt s'est remarié avec une jeune fille du monde, dont la mère s'était tuée pour lui... c'est du joli, n'est-ce pas... Mais c'est pas fini, la fille est tombée folle, et elle allée se noyer...

« Et tu as cru que c'était de ce type-là que je voulais te parler ! Oh ! tu n'y es pas, ma pauvre gosse ! Alors, quoi ?...

« Pas la peine de le dire... maintenant que ce sale bonhomme a jeté jusqu'ici son venin, tu ne voudrais plus de celui qui aurait pu pourtant te rendre si heureuse.

— Alors... murmurait Marquita d'un air sombre, tu crois que Willy Zermatt...

— Est la plus grande crapule que j'aie jamais connue, achevait la grande vedette.

Et donnant libre cours à son indignation, elle continua :

— Ah ! celui-là, il ne pourra jamais se vanter de m'avoir eue !... J'aurais mieux aimé me jeter à l'eau... Car, vois-tu, avec des misérables pareils... lorsqu'une femme se livre à eux, elle est perdue.

Marquita faisait observer :

— Le comte Zermatt ne m'a pas demandé d'être sa maîtresse, mais d'être sa femme.

— Parbleu ! c'est toujours ainsi qu'il procède ! martelait la grande vedette du Moulin-Rouge.

— Il m'a dit qu'il voulait acheter un théâtre pour moi.

— Des boniments !... Oh ! ma gosse, je t'en supplie, ne te laisse pas engluer par ce type-là... Une fois qu'on a été pris, c'est fini...

— Rassurez-vous, Nono, je ne lui ai pas dit oui.

— Mais tu ne lui as pas dit non.

— Je lui ai demandé à réfléchir.

— C'est donc que tu envisages la possibilité d'une acceptation ?

— Je ne sais pas.

— Ah ! ça, par exemple ! se révoltait Nono... j'en ai un coin de bouché. Comment, hier, tu parlais de te tuer... parce que tu étais obligée de renoncer à Jacques Guervé... Et voilà qu'aujourd'hui... tu es sur le point de t'enticher, si ce n'est pas déjà fait, de ce comte Zermatt, dont, hier, tu ne soupçonnais même pas l'existence... Faut-il qu'il en ait un fluide, c't'animal-là !...

— Ma chère Nono, reprenait la danseuse... je comprends que vous soyez surprise du changement qui s'est opéré si rapidement en moi, mais il s'est passé depuis hier des événements qui, ainsi que vous allez en juger vous-même, m'ont transformée à un point que je ne me reconnais plus moi-même.

— Qu'est-ce que tu me racontes là ?

— Vous allez tout savoir... Je suis allée consulter Cagliostro.

— Cagliostro ?...

— Le mage de la rue du Ranelagh.

— Ah ! oui, j'y suis, ce type qui vient on ne sait d'où... et qui est en train d'affoler toutes les femmes du monde.

— Nono ! protestait Marquita, ne soyez pas injuste envers lui...

« C'est un homme extraordinaire. Non seulement il devine jusqu'à vos plus secrètes pensées, mais il sait percer tous les mystères... expliquer toutes les énigmes.

— Voyons, qu'est-ce qu'il t'a dit ?

— Que j'étais une enfant volée.

— Ça, c'est le cas de le dire, ça n'est pas sorcier... Continue.

— Que j'avais des origines royales.

— Rien que ça ?...

— Que j'aimais Jacques Guervé...

— Il a dit Jacques Guervé ?

— Parfaitement...

— Ça prouve que sa police est bien faite.

« Et après ?

— Que je devais renoncer à lui parce qu'il aimait sa femme et qu'il ne m'aimerait jamais...

— Tiens ! tiens !

— Mais qu'il fallait que je me consolasse, car j'étais aimée par un homme digne de moi... par l'homme de ma vie... Bref, il m'a dit tout ce que vous m'avez dit.

— Je m'en aperçois bien.

— Sauf que vous ne m'avez pas donné le nom de mon amoureux et que lui me l'a révélé tout de suite...

— Seulement, ça n'est pas le même, et je puis t'affirmer qu'il n'a rien de commun avec ce Willy, le don Juan des grands bars... ainsi qu'on l'a si bien surnommé...

« Il est peut-être moins beau, moins brillant, et surtout moins riche, mais celui-là, c'est un grand artiste... c'est un grand honnête homme, et il a même la discrétion de t'adorer en silence.

— Pourquoi ?

— Parce qu'il a peur que tu le dédaignes, et il n'a pas tout à fait tort.

— Si, hier soir, vous m'aviez dit son nom, peut-être cela aurait-il changé bien des choses... posait la bohémienne blonde.

— Ah ! tu crois ! scandait sa camarade...

— D'abord, reprenait Marquita, je ne serais pas allée chez Cagliostro.

— Au fait, qu'est-ce qui t'a donc donné l'idée de demander une consultation à ce sinistre farceur ?

— Le matin même, j'avais reçu de lui une lettre où, après m'avoir affirmé son admiration, il avait, disait-il, des choses importantes à me dire.

« A ce message était jointe la reproduction d'un article du professeur Tassart, qui le connaissait comme un savant extraordinaire, et me donnait donc toute garantie.

— Tu as cette lettre ? interrogeait Nono-Manette.

— Oui, elle est dans mon sac.

Marquita la trouva, en effet... elle était pliée en quatre... La danseuse la tendit à son amie, qui la déplia.

Aussitôt, elle eut un cri de surprise.

— C'est une feuille de papier blanc, que tu me donnes, fit-elle.

— Comment, une feuille de papier blanc ? s'étonnait Marquita.

— Tiens, regarde.

— En effet ! constatait la danseuse, au comble de la stupéfaction... en voyant que les mots que Cagliostro avait tracés sur la feuille avaient entièrement disparus.

— Et l'article du professeur ! s'écria-t-elle...

Elle le prit dans l'enveloppe où elle l'avait laissé et constata qu'il n'y avait plus trace de caractères d'imprimerie.

— C'est trop fort ! s'exclama la danseuse.

— Qu'est-ce que je te disais ? triomphait Nono... j'en suis sûre, Zermatt aura payé ce Cagliostro, que je prenais jusqu'ici pour un farceur, mais qui m'a tout l'air d'une immonde fripouille... et je n'ai pas besoin de t'en dire plus long... Tu m'as comprise !

— C'est abominable ! soupirait la bohémienne blonde, avec un accent où il y avait plus que de la déception, c'est-à-dire du désespoir...

— Tu ne vas pas recommencer à pleurer, ma gosse !... déclarait la vedette du Moulin-Rouge... Car, vraiment, il n'y a pas de quoi.

« Au fond, l'intervention de ce Zermatt est très heureuse, puisque cela t'a permis de constater que tu étais beaucoup moins attachée à Jacques que tu ne le pensais...

« Le mal dont tu souffres, vois-tu, ma chérie, est très guérissable...

« Tu as besoin, avant tout, d'une affection vraie... d'un amour aussi désintéressé que limpide... Il est là, prêt à frapper à ta porte... Petite, tu vas me faire manquer à ma parole.

— Ne me dites rien de plus ! s'exclamait Marquita... Ce soir, je n'ai pas la tête à moi... Demain, vous me parlerez... oui... demain.

— Je vais me déshabiller, scandait Nono-Manette... car l'heure tourne, et Corbert va encore rouspéter parce que nous restons trop tard dans nos loges... et que nous lui brûlons trop d'électricité...

« Je reviendrai te reprendre... Tu viendras souper chez moi... Ce soir, je suis seule... nous pourrons bavarder tout à notre aise.

« A tout à l'heure.

— A tout à l'heure, Nono !... et merci encore...

— Tu m'ennuies avec tes remerciements... et puis, tâche, quand je vais revenir, de me faire une autre cafetière...

La vedette s'en fut, laissant seule sa camarade.

Celle-ci s'en fut s'asseoir sur le siège qu'occupait tout à l'heure le comte Zermatt...

Elle se sentait inquiète et mécontente d'elle-même... Un grand désarroi était en elle.

Elle se trouvait dans l'incapacité de suivre une idée... car il y avait autant d'angoisse dans son cœur que de brouillard dans son cerveau. On frappait à la porte...

C'était la mère Tarte-aux-Fraises, qui, passant simplement la tête, demandait :

— Vous n'avez plus besoin de moi, mademoiselle ?

— Non, vous pouvez partir.

La vieille habilleuse minauda une excuse :

— C'est que j'habite loin, très loin, au fond de l'avenue de Saint-Mandé, et je ne voudrais pas rater mon métro.

— Mais oui, allez !... scandait la danseuse, agacée.

— Je vous remercie, mademoiselle.

— Il n'y a pas de quoi.

— Alors, bonsoir, mademoiselle.

— Bonsoir.

Demeurée seule, Marquita appuya son coude sur la tablette et se mit à réfléchir...

Tout ce que lui avait dit Nono-Manette avait produit sur elle une impression profonde...

Elle était beaucoup trop intelligente pour ne pas comprendre que sa camarade avait entièrement raison... et que ce Willy Zermatt qui, suivant son habitude, avait réussi à l'éblouir, était un de ces hommes dangereux qu'il importait de fuir comme la peste...

Mais ce qui la bouleversait à un point qu'elle perdait tout contrôle d'elle-même, c'était cette phrase prononcée par Nono-Manette, qui ne cessait de retentir à ses oreilles :

Au fond, l'intervention de ce Zermatt a été très heureuse, puisqu'elle t'a permis de constater que tu étais beaucoup moins attachée à Jacques que tu ne le pensais.

Et la jolie danseuse ne pouvait s'empêcher de reconnaître que, sur ce point, son amie avait encore raison...

Cette constatation la plongeait dans l'épouvante d'elle-même...

Ne pouvant se rendre compte que l'ascendant immédiat que le don Juan des grands bars avait immédiatement conquis sur elle n'était dû qu'à la puissance magnétique qui appartenait à ce gredin et lui donnait la facilité de dominer à sa guise la femme sur laquelle il avait jeté son dévolu, elle s'effarait à la pensée qu'en quelques heures elle avait pu briser, au cours d'une première rencontre, la chaîne qui l'attachait à celui qu'elle croyait son premier amour...

Et ne comprenant pas que ce prodige était indépendant de sa volonté, parce qu'après l'habile préparation de Cagliostro elle avait eu l'impression d'être entièrement captivée par le séducteur professionnel qu'était Willy, la malheureuse s'accusait sans pitié d'être une misérable...

Et elle se disait :

« Cet amour, que j'avais cru si solide, a fondu comme de la neige... Je suis donc une femme comme tant d'autres...

Et elle se voyait sombrant à son tour dans toutes les faiblesses qui sont au début des dégradations inévitables... dégringolant chaque jour davantage, s'enlisant dans cette boue dont elle avait toujours eu une instinctive horreur... et elle en arrivait à regretter d'avoir rencontré Jacques Guervé sur sa route, d'avoir suivi ses conseils, d'avoir quitté ces bohémiens qui la rudoyaient et d'être venue dans ce Paris dont elle allait, à son tour, être la proie.

Persuadée, dans le cruel et douloureux malentendu avec elle-même qui l'aveuglait, que, désormais, il lui serait impossible de faire sa vie ainsi qu'elle l'entendait, c'est-à-dire dans le rayonnement d'un seul et véritable amour, épuisée, avec un tel dégoût d'elle-même, une si violente rancœur de tout, qui vous fait faire des folies, elle saisit nerveusement dans son sac un petit revolver qu'elle emportait chaque soir, au cas où elle serait attaquée en rentrant chez elle... et, sans hésiter, elle appuya le canon contre sa tempe... puis elle pressa sur la détente... le coup ne partit pas... elle appuya à nouveau. Toujours rien... Elle allait récidiver lorsqu'une voix s'éleva derrière elle, teintée d'un léger accent américain...

— Inutile de continuer, mademoiselle, il n'y a plus une seule balle dans votre revolver...

« J'en suis sûr, puisque c'est moi qui les ai retirées.

Au comble de la stupéfaction, Marquita abandonna son arme, qui retomba sur la table... se retourna... et elle aperçut, debout sur le seuil, un homme en habit, d'une rare distinction, aux cheveux grisonnants, au regard à la fois profond et éveillé, et qui, le chapeau à la main, se présentait :

— Sir Douglas Wilson, détective.

La danseuse ne put que balbutier :

— Monsieur, je ne vous connais pas, et je me demande pourquoi vous vous êtes permis d'intervenir ainsi ?

Douglas répliquait :

— Parce que j'en avais le devoir et le droit.

— A quel titre ?

— Je vais vous le dire, mademoiselle...

« Auparavant, laissez-moi vous prévenir que vous allez apprendre quelque chose de tout à fait extraordinaire.

— Je vous écoute, monsieur.

Avec une émotion que, depuis qu'il était en présence de la jolie danseuse, il ne pouvait plus réprimer qu'avec peine, Douglas Wilson s'écriait :

— Je suis votre père !

— Vous ! s'exclamait la bohémienne blonde.

— Oui ! et je vais vous le prouver.

« Voici d'abord le portrait de votre mère...

Il tira de la poche de son veston une charmante miniature qui représentait les traits d'une jeune femme de vingt-cinq ans.

— Regardez ! fit-il simplement.

Un léger cri échappa à Marquita.

Elle avait l'impression qu'elle se trouvait en face de sa propre image.

— Cette miniature, reprenait le détective, m'a beaucoup aidé à vous retrouver.

— C'est inouï, murmurait la danseuse.

— Je voudrais bien vous embrasser, reprenait Douglas, mais vous n'êtes pas encore convaincue que je dis la vérité... et, pour vous serrer dans mes bras, je veux que vous soyez entièrement sûre que je suis votre père...

Et, redevenant entièrement maître de lui, le détective américain poursuivait, avec le flegme qui le caractérisait :

— Ayant lu dans les journaux le compte rendu de vos débuts au Moulin-Rouge, ainsi que toute l'histoire de votre existence qui l'accompagnait, puis, ayant remarqué dans les portraits de vous, qui ont été publiés en même temps, qu'il existait une ressemblance extrêmement frappante entre la miniature de votre mère et ces portraits... je me rendis au Moulin-Rouge... je vous vis... et,

convaincu que j'avais devant moi ma fille...
que, pour des raisons, que vous connaîtrez
un jour, j'avais été obligé de faire élever en
France, je ne voulais pas être dupe d'une
coïncidence telles qu'il s'en produit parfois
dans la vie ; je voulus, avant de me manifes-
ter à vous, posséder toutes les preuves, toutes
les garanties les plus absolues... Je me mis
à la recherche de la troupe de bohémiens...
dont vous avez été la proie... Ce fut pour moi
un jeu de les repérer... et, cette fois, sans
peine, je pus obtenir les aveux très nets de
Tirko...

« C'était lui... lui, qui vous avait enlevée
aux nourriciers chez lesquels je vous avais
placée... Vous étiez donc mon enfant...

Et Douglas ajouta :

— Maintenant, je crois que nous pouvons
nous embrasser.

Marquita, sans un mot, se jeta dans les
bras de son père.

Et l'étreinte dont elle l'enserra lui prouva,
mieux que tout, que non seulement elle
croyait en lui, mais qu'elle était prête à lui
accorder toute la tendresse dont elle était
capable...

Mais, la sentant chanceler d'émotion, il la
fit asseoir sur sa chaise longue, et, appro-
chant un siège tout près d'elle, il saisit la
main de sa fille, qui le contemplait, et lui
souriait déjà dans ce retour à la vie qu'elle
lui devait, dans cette résurrection d'elle-
même qui venait, d'un seul coup, de chasser
loin d'elle la mort dont elle avait voulu faire
sa libératrice...

Douglas Wilson reprenait :

— Je ne t'ai pas tout dit.

« Avant de me présenter à toi, j'ai voulu...
sans doute par habitude professionnelle,
faire une enquête sur toi... Je voulais savoir
vraiment ce qu'était ma fille...

« Si tu avais pris le mauvais chemin,
j'eusse fait tous mes efforts pour t'en retirer ;
mais, pour me présenter à toi, j'en aurais
attendu les résultats.

« Il n'en a rien été, bien au contraire.

« J'ai su que tu étais restée la plus pure
des femmes... J'ai appris également que tu
te débattais dans une crise sentimentale...
que tu aimais un homme marié, mais que
ton honnêteté, ainsi que la sienne, vous sépa-
rait pour toujours... J'ai connu ton désespoir... et, sachant que tu emportais toujours
avec toi un revolver, et grâce à la complicité
de ta petite femme de chambre, j'en ai retiré
les cartouches... afin que, si tu étais tentée
de te servir de ton arme contre toi-même, tu
pourrais le faire sans danger.

« Mais ce n'est pas tout...

« J'ai su aussi, car tu sais, je suis aussi
bien doué que ce Cagliostro, que tu es allée
consulter hier... oui, j'ai su que tu étais
aimée par un garçon digne de toi... et,
comme je ne me suis pas engagé, ainsi que
ton amie Nono-Manette, à te cacher son nom,
je vais te le dire tout de suite : il s'appelle
Jean Beaunier.

— Le musicien ?

— Oui, ma chère enfant... et, si tu n'y vois
pas d'inconvénient, il soupera ce soir avec
nous, chez cette grande et charmante artiste
qui est ton amie et qui, tu dois t'en douter à
présent, a été pour moi la plus précieuse et
la plus avisée des collaboratrices...

De nouveau, Marquita se précipita dans
les bras de son père.

Des larmes coulaient de ses yeux ; mais, cette fois, c'était de joie qu'elle pleurait...

Tout à coup, elle s'écria :

— Et ma mère ?

— Ta mère, fit le détective... je suis désolé, ma chère enfant, de te causer en ce moment un gros chagrin ; mais je ne dois pas te laisser ignorer qu'elle est morte depuis quelques semaines.

« Elle n'aura pas eu la joie de te connaître, de te retrouver, de te voir, si belle et si douce, et surtout si pure.

« Je te parlerai d'elle souvent, très souvent ; je te dirai toute la peine, que dis-je ? tout le désespoir qu'elle a éprouvé, lorsqu'elle a appris ta disparition.

« Jusqu'à son dernier jour, elle n'a cessé de souffrir de ton absence, de s'inquiéter de ton sort ; et, la veille même où elle a expiré, elle a encore eu la force de me faire parvenir ces quelques lignes, car elle est morte loin de moi :

« Cherchez encore, cherchez toujours, je vais prier là-haut pour votre réussite. »

« Sans doute, Dieu l'aura-t-il entendu, puisque j'ai pu te rejoindre enfin, et acquérir en même temps la certitude si précieuse que non seulement tu es une grande artiste, aimée, fêtée, choyée du public, mais qu'à travers toutes les misères de ton existence d'enfant et de jeune fille, aussi bien qu'au milieu des tentations qui t'ont assailli au cours de ton existence nouvelle, tu es restée l'honnête femme par excellence.

« Voilà pourquoi, si tu es contente d'être en face de ton père, moi je suis heureux et fier de serrer ma fille dans mes bras.

Ce fut une double étreinte, filiale et paternelle. Il sembla alors à Marquita qu'elle n'avait plus rien à redouter de l'existence puisqu'elle avait à côté d'elle le meilleur défenseur qu'elle pût espérer, le conseiller le plus prévoyant et le plus sage qu'elle pût désirer ; et, tout en songeant avec mélancolie qu'elle serait à tout jamais privée de cette mère qu'elle n'avait fait qu'entrevoir dans ses songes, elle se promit de conserver toujours la pensée émue qu'évoquait en elle la jolie miniature qu'elle s'était mise à regarder avec la vénération qu'une croyante mère a à contempler une image sainte.

Mais un coup discret, cette fois, heurtait la porte. Douglas ouvrit et, se retournant vers sa fille, il lui dit :

— Voici notre amie Nono-Manette qui vient nous chercher.

Marquita se précipita vers la grande vedette, tout en disant :

— Venez que je vous embrasse, car vous avez été encore meilleure pour moi que je ne me l'imaginais.

Nono-Manette répliquait en riant :

— Eh bien, comment le trouves-tu, ton papa ?

— Je crois que je ne pourrais pas en rêver un meilleur, déclara la danseuse.

Nono-Manette reprenait :

— Moi j'aurais été rudement contente d'en avoir un pareil !

« Soit dit entre parenthèses, si mon paternel était un brave homme, quand il avait bu un coup de trop, il était insupportable.

« Je vous assure que c'était pas toujours drôle à la maison. Mais ne pensons plus aux choses tristes.

— Chère mademoiselle, reprenait le détective, j'ai été plus bavard que vous.

— Ça m'étonne ! s'écriait Nono-Manette. Moi, je suis comme un phonographe, chaque fois que l'on met un de mes disques en mouvement, il faut qu'il tourne jusqu'au bout.

— Pourtant, souriait le détective, vous savez garder un secret mieux que moi.

— C'est impossible.

— C'est cependant ainsi ; la preuve, c'est que je n'ai pas pu m'empêcher de dire à Marquita qu'elle était aimée par Jean Beaunier.

— Eh bien ! sursautait Nono-Manette, pour un détective tel que vous, vous avez fait du beau travail !

— Non, chère amie, protestait Marquita, car je m'aperçois maintenant que la route du vrai bonheur ne doit jamais se diriger vers l'impossible, et que, lorsqu'on se heurte à un obstacle infranchissable et que l'on veut, malgré tout, le surmonter, on s'y brise toute entière et on retombe morte sur la poussière du chemin.

Et, avec un adorable sourire, elle ajouta :

— Vous pouvez téléphoner à Jean Beaunier de venir souper avec nous.

Nono-Manette s'écriait :

— A la bonne heure ! maintenant, tu ne pouvais pas dire une parole qui me ferait plus de plaisir.

« Et, ce soir, je me propose de sabler le champagne à votre prochain mariage.

— N'allons pas si vite, déclarait Marquita.

« Avant de me marier, il faut que je sois sûre de mon cœur.

— Sûre de ton cœur ! répétait la grande vedette du Moulin-Rouge. Moi, je te dis que tu l'es déjà.

« La preuve, c'est que tu avais renoncé à Jacques et que tu commençais déjà à te laisser embobiner par cette fripouille de Zermatt.

— Zermatt ! répéta le détective, en pâlissant légèrement.

Mais Marquita se récriait :

— A ce moment, j'étais complètement folle... J'avais la tête perdue...

« Mais, dès que tu m'as prévenue de ce qu'était ce personnage, j'ai tout de suite pris la résolution de ne plus le revoir.

— Donc, concluait Nono-Manette, tu n'aimes plus personne.

« Tu es donc entièrement libre.

— C'est exact.

— Alors, moi, je te parie tout ce que tu voudras qu'avant huit jours d'ici, notre ami Jean aura fait entièrement ta conquête.

— J'en accepte l'augure, fit la danseuse, car j'ai déjà pour lui une vive admiration et une grande amitié.

— Bravo ! fit la grande vedette du Moulin-Rouge, en battant des mains ; nous sommes bons ; car, en additionnant admiration avec amitié, et en y ajoutant le « facteur » tendresse, on forme un total qui s'appelle inévitablement : l'amour !

« Et maintenant, en route, comme on chante dans un opéra, je ne sais plus lequel, par exemple... Ah ! si... je crois que c'est dans *Roméo et Juliette*, titre prédestiné :

Pour les soins du souper, je crois qu'on vous
[réclame.

Ils partirent tous les trois et s'installèrent dans l'auto de Nono-Manette, qui habitait un très bel appartement, avenue de Villiers.

Lorsqu'ils pénétrèrent dans le salon meublé et décoré avec beaucoup de goût, Jean Beaunier s'y trouvait déjà. Il était un peu pâle, un peu nerveux. On sentait qu'il attendait avec anxiété le retour de Nono. Lorsqu'il la vit apparaître avec Marquita, son visage s'éclaira aussitôt d'une joie infinie.

Après avoir salué les deux femmes, il s'en fut vers le détective qui lui tendit cordialement la main qu'il serra avec effusion.

Alors, se penchant vers son oreille, le père de Marquita dit au jeune compositeur :

— Je n'ose pas encore vous dire que je vous accorde la main de ma fille, mais ne vous tourmentez pas.

« Nous autres, Américains, nous avons l'habitude d'aller vite, très vite, et je crois que Marquita a trop de mon sang dans les veines pour ne pas agir autrement.

Un maître d'hôtel apparaissait, annonça :

— Madame est servie !

Tous les quatre passèrent dans une salle à manger où la maîtresse de la maison recevait ses intimes, et dont la grâce un peu exiguë, rappelait, par son style du plus pur Louis XVI, l'une des pièces des petits appartements de Versailles.

Ils s'installèrent autour d'une table au linge d'une blancheur éblouissante, aux verres en cristal, étincelant sous la lumière, et à l'argenterie d'une authenticité incontestable.

Comme toujours, la chère était délicate et soignée.

Bientôt, dans cette atmosphère de luxe et de bien-être, l'apaisement définitif se fit dans l'âme de Marquita.

Tour à tour, son regard s'en allait vers son père qui lui paraissait un homme si distingué, et en même temps si franc, si loyal, si supérieur, qu'il achevait de conquérir son affection et sa confiance... et sur Jean Beaunier qui, avec un tact parfait et une discrétion remarquable, évitait de fixer trop longtemps ses yeux sur les siens, lorsqu'ils se rencontraient. Mais, ce qui la séduisait de plus en plus, c'étaient toutes ses qualités de simplicité, d'élan, de bonne humeur qu'elle n'avait pas encore observées en lui et qui, maintenant, provoquaient en elle de jolies espérances.

Ce n'était pas encore l'amour, le grand amour qui vous prend, qui vous empoigne et vous enserre dans une étreinte dont il semble que l'on ne puisse jamais échapper.

C'était un sentiment beaucoup plus doux, beaucoup plus pénétrant, quelque chose comme une caresse morale, qui frôlait son âme, et la préparait à accueillir, dans la prochaine réprocité d'une tendresse partagée, celui qu'elle aurait le droit d'appeler vraiment l'homme de sa vie.

Contrairement à ce qu'elle avait annoncé, l'exubérante Nono-Manette ne porta pas de toast à la santé des fiancés. Elle aussi était gagnée, dominée, par le charme indéfinissable qui se dégageait de ce souper charmant. Et, lorsque Marquita fut partie avec son père, la grande vedette assura donc au jeune musicien :

— Mon petit, vous avez gagné la partie. Et, sur ce chapitre-là, je m'y entends !

Douglas Wilson avait reconduit Marquita jusque chez elle. Bien que l'heure fût très tardive, la jeune danseuse voulut que son père connût le « home », d'ailleurs charmant, où elle avait vécu des heures si cruelles, et où maintenant elle allait connaître enfin le bonheur.

— Demain, lui déclara le détective, nous aurons à parler longuement...

— Pourquoi pas tout de suite ? fit la danseuse.

Douglas répliquait :

— Parce que je crains que tu ne soies fatiguée.

Marquita répliquait :

— La joie indicible que j'ai ressentie en vous retrouvant m'a, en quelque sorte, galvanisée, et croyez qu'il m'en coûterait d'attendre jusqu'à demain pour vous écouter.

— Alors, s'écriait le célèbre limier américain, je n'hésite plus... Car tu es à même de me rendre un grand service.

— Vous m'en voyez infiniment heureuse.

De plus en plus content de se trouver tout de suite en parfaite harmonie de caractère et d'idée avec sa fille, il reprenait :

— En deux mots, voici. Mais, avant tout, laisse-moi te demander de garder rigoureusement pour toi seule tout ce que je vais te raconter... et te demander.

— Je vous le promets.

Le détective reprenait d'un ton ferme et tranquille :

— Nono-Manette t'a rendu un grand service en te mettant en garde contre les menées de ce soi-disant comte Zermatt, qui, ainsi que tu en auras bientôt la preuve, est un abominable aventurier.

« Mais, ce qu'elle n'a pas pu te dire, parce qu'elle ne le sait pas, c'est que le sinistre individu, après avoir dépouillé sa première femme à l'aide de manœuvres frauduleuses basées sur un chantage éhonté, était décidé à assassiner sa seconde épouse, afin de s'emparer des soixante millions qu'elle lui aurait laissés. Voilà l'homme !...

— Quelle horreur ! s'écriait Marquita.

— Maintenant, reprenait son père, je voudrais que tu me dises comment tu as connu le bandit ?

— C'est bien simple... Vous avez entendu parler de ce mage Cagliostro ?

— Oui.

— Un matin, j'ai reçu une lettre fort aimable de lui, me priant de lui rendre visite, sous prétexte qu'il avait d'importantes communications à me faire... Il avait joint à sa lettre un article très élogieux sur son compte et signé par un membre de l'Académie de médecine.

« A ce moment, j'étais dans un tel état d'esprit que je n'ai pas hésité à accourir à son appel. Il m'a fort bien reçue, m'a vivement conseillée de renoncer à Jacques Guervé, et m'a déclaré que j'étais aimée par un jeune homme de très haute naissance, très riche et qui désirait m'épouser.

« Il m'a instamment priée de le recevoir. Le soir même, le comte Zermatt se présentait dans ma loge. Je ne vous cacherai pas qu'il me plut beaucoup. Il a des dehors si brillants !

— Je le sais.

— Et puis, il se montra d'une correction absolue, m'affirmant qu'il voulait se marier avec moi.

« Il ajouta même qu'il avait l'intention de me faire construire un théâtre...

— Ne m'en dis pas davantage... je suis fixé... Ce soi-disant comte Zermatt s'appelle en réalité Robert Villard... Il est le fils d'un ancien bagnard, Jean Villard... Et c'est ce dernier qui, sous les apparences de ce mage Cagliostro, a voulu te jeter dans les bras de son fils...

« Dans quel but ?... Je l'ignore ! Mais je ne tarderai pas à le savoir.

« L'essentiel est que je sois arrivé à temps pour empêcher le nouveau crime que ces deux misérables s'apprêtaient à commettre et que, grâce à la collaboration de cette excellente Nono, j'aie pu déjouer leur entreprise.

Effrayée, Marquita s'écriait :

— Alors... vous croyez qu'il a assassiné sa seconde femme ?

— Non... rassure-toi... Cette malheureuse est vivante... J'ai pu me mettre en travers du hideux projet que le père et le fils, entièrement d'accord, se préparaient à exécuter. Leur victime est aujourd'hui à l'abri de leurs coups. Et maintenant que je t'ai retrouvée, maintenant que je puis agir en toute liberté morale et sans crainte d'un retour offensif de la part de ces gredins, je vais m'occuper de leur châtiment. Mais, en attendant, garde un silence absolu sur tout ce que je viens de te dire !...

Marquita, vivement impressionnée par le récit de son père, s'écriait :

— Vous pouvez être absolument rassuré ; je me tairai. Et, si je puis vous aider dans l'œuvre que vous allez entreprendre...

— Peut-être ! fit le détective d'un ton mystérieux... Et maintenant, je vais te dire bonsoir.

— Quand vous reverrai-je ? interrogeait la danseuse.

Douglas réfléchit un instant. Puis, il déclara :

— Dès demain. Il n'y a aucune espèce de raison pour nous cacher. Il sera même très bon que les Villard apprennent que le secret de ta naissance est connu ; car, à présent, j'en suis sûr : c'est de ce secret-là qu'ils voulaient parler ; et le fait que je t'ai retrouvée va certainement provoquer de leur part une offensive à mon égard qui ne peut que favoriser le plan que j'ai conçu...

« Je viendrai te chercher demain matin, vers midi... Nous déjeunerons ensemble... Au revoir, ma chère enfant.

Le détective allait embrasser sa fille. Mais celle-ci lui demandait :

— Encore un mot, père !...

— Parle !

— Y a-t-il longtemps que vous avez perdu ma pauvre mère ?

— Très longtemps... crut pouvoir déclarer Douglas...

— Vous avez dû être bien seul dans la vie ?

— Très seul, en effet, jusqu'au jour où, il y a de cela quelques mois seulement, désespérant de te revoir, je me suis refait un foyer.

« Ce n'est pas à moi de te vanter les qualités de celle qui, après avoir été une collaboratrice remarquable, est devenue ma compagne.

« Tu la jugeras toi-même...

« Sache seulement que ce n'est pas une

belle-mère que tu vas rencontrer chez moi... mais une grande sœur, qui t'aime déjà...

— Et que moi, affirmait Marquita, je suis prête à aimer.

Le père et la fille échangèrent un long baiser... puis ils se séparèrent, gardant l'un de l'autre une'meffaçable impression de tendresse qui ne demandait qu'à s'épanouir.

. . . .

. . . .

Le lendemain matin, de très bonne heure, le valet de chambre de Willy Zermatt réveillait celui-ci en disant :

— Que Monsieur le comte m'excuse... mais le révérend père Ardenay est là, qui demande à parler tout de suite à Monsieur le comté...

« Allons, bon, se dit le don Juan des grands bars, qu'est-ce qui a pu arriver, pour que mon père ait repris sa défroque de missionnaire ?... »

Et il donna l'ordre de l'introduire immédiatement en sa présence.

Malgré le camouflage extraordinaire sous lequel disparaissait sa véritable physionomie, l'ex-bagnard ne pouvait dissimuler l'émotion qui l'agitait. Son regard, tout de colère concentrée, frappa aussitôt Willy, qui ne put s'empêcher de s'écrier :

— Ah çà ! qu'est-ce qu'il y a donc de cassé ?

— Tout ! laissa échapper le forban.

Et, d'un ton âpre, il martela :

— Douglas Wilson est de nouveau déchaîné contre nous.

— Je vous l'avais déjà dit...

— Mais ce que tu n'avais pas prévu, ni moi non plus, d'ailleurs, c'est que Marquita est sa fille... et qu'hier soir, après avoir été la chercher au Moulin-Rouge, il est allé souper avec elle et un jeune musicien nommé Jean Beaunier, chez Nono-Manette, qu'il a réussi à attirer dans son jeu.

— Comment avez-vous appris cela ?

— Par la femme de chambre de Lucienne, que j'avais achetée... Heureusement, sans quoi, c'était le désastre !

— Le fait est, grommelait Zermatt, que c'est très embêtant... Mais vous avez de quoi lui répondre.

« Les lettres de Mme Smith !

— Ah ! tu crois cela ?... eh bien, je ne peux plus m'en servir.

— Pourquoi ?

— Si, au lieu de flemmarder dans ton lit, tu te levais un peu plus tôt, tu aurais lu, comme moi, dans les journaux, qu'avant-hier, Mme Smith, l'ex-maîtresse de Douglas Wilson, et la mère de Marquita, avait péri avec son honorable mari, M. Smith, ministre des inventions aux Etats-Unis, dans un accident de chemin de fer, qui a eu lieu entre Washington et New-York.

— Vraiment, nous jouons de malheur, s'écriait le bellâtre.

— Il y a mieux encore... Gisèle, que nous croyions noyée, est vivante, et elle est entre les mains de ce maudit détective, qui, à présent qu'il n'a plus à redouter que se divulgue sa correspondance avec Mme Smith, va entamer contre nous une lutte sans merci.

— C'est effrayant !...

— Tu as peur !

— Non... mais...

— Si... tu as peur... Tu dois savoir que je n'aime pas les trembleurs ! C'est pourquoi, si je m'aperçois que tu flanches, gare à toi !...

Et avec un accent d'énergie, farouche, l'ancien forçat scanda :

— Au lieu de nous enfuir, comme tu es disposé à le faire, j'ai décidé que nous accepterions la lutte...

« Si Douglas Wilson a pas mal de tours dans son sac, j'en ai encore plus que lui dans le mien.

« C'est un combat suprême qui s'élève entre lui et moi. Mais si tu m'obéis aveuglément, d'ici peu je serai vainqueur...

C'est au duel défensif... au duel à mort entre le bandit et le détective que nous allons faire assister nos lecteurs et nos lectrices au cours de notre prochain récit :

MARTYRES DE L'AMOUR... VENGEZ-VOUS

et qui sera le dernier de la série des volumes que nous avons consacrés à dépeindre ce que l'on peut appeler les « Hauts-fonds » de Paris.

Les Grands Romanciers

populaires sont tous

édités dans

LE LIVRE NATIONAL

(Collection rouge

—

En Vente partout :
Librairies, Kiosques, Gares
et tous Marchds de Journaux

Pour les envois effectués directement par la Maison d'Éditions, il y
a lieu d'ajouter au montant de la
commande **0 fr. 45** (France) ou **1 fr.**
(Etranger) par volume pour frais
de port. Il n'est jamais fait d'envoi
contre remboursement.

Éditions JULES TALLANDIER
75, Rue Dareau, PARIS (XIVe)

Série à 1.75 le volume

Édouard ADENIS
482. Madame Angot.
483. La Princesse des Halles.

Jacques BRIENNE
511 La chance de Francine.
512. Après l'orage.

Ar. BRUANT
260. Captive.
261. Les Etapes du bonheur.

H. LANGLADE
468. Le Bonheur de l'Aimée.

H.-J. MAGOG
481 Deux Cœurs se cherchent
504 Timide Amour.

Georges MALDAGUE
507 Aimer et vivre.

Jules MARY
513. La fin de Roussiole.

Eug. LE MOUEL
439 Jenny la Blonde.
440. Le Cœur de l'Inconnue

Charles MÉROUVEL
501. La Conquête de Gabrielle.

Gaston-Ch. RICHARD
447. La Seconde vie du Colonel Gérard.
409. Le Mariage de Chonchon

Frédéric VALADE
492. Marie la Vielleuse.
493. Les Amours d'Ange Pitou.

Série à 2 fr. le volume

Édouard ADENIS
527. Le Don d'un Cœur.
528. Le Secret de Jacqueline.
684. Robert Macaire.
855. Femmes de Robert Macaire

Paul d'AIGREMONT
495. La Reine de l'Or.
496. Le Martyre de Nadine
572. Tragique Amour.
573. L'Heure terrible
610. Les deux Marquises
611. La Médaille d'Argent
626. Vierges de France
627. Fille de Lorraine
628. Suprême Victoire.

Marcel ALLAIN
618. L'Amour chemine.
629. La Surprenante Aventure.

Gabriel BERNARD
586. L'Abeille d'Or
599. La Fée de l'Empereur.

Arthur BERNÈDE
592. Fleur d'Ajonc

Jacques BRIENNE
587. La Sonneuse de Joie
588. Annie et Doria.

Ar. BRUANT
351. Aux Bat' d'Af'

Henri CAIN
636. Rosette Floréal
637. Les Chevaliers de la Reine.

Francis CERDAN
571. L'amour parle plus haut.

Paul DARCY
562. Chercheuse d'Amour.
602. Les Briseurs de Rêves.
622. Si tu ne m'aimes plus.

Pierre DELCOURT
589. Cœurs brisés.

Paul de GARROS
583. Après le Bonheur.

J. de GASTYNE
556. Noble.. et bandit.
609. Une Vengeance terrible.

Henri GERMAIN
539. La Fauvette du Faubourg.
540. Le Calvaire d'Yvonne
600. Bonheur fragile.
601. Fiançailles de Germaine

Marie de LA HIRE
544. Le Cœur en émoi
638. Cœurs Fidèles.

H. KÉROUL et G. LE FAURE
581. Les deux Petiotes.
582. La petite Duchesse.

Henriette LANGLADE
541. D'un Cœur à l'autre.
625. Le Secret d'une Femme

E. M. LAUMANN
542. Tragique Amour de Lucile de Launay.

543. Le Fils de Cartouche.
577. Le Roman d'un Mousse
603. L'Enfant de Paris.

Pierre MAEL
531. Les Larrons de la Jeanne
534. Julia la Louve
593. Eva et Lilian
594. Le Cœur et l'Honneur.

H.-J MAGOG
550. Il suffit d'aimer
580. Héritière aux beaux yeux
615. Visage d'Ange, Cœur de Démon.

Marc MARIO
442. Mariage in Extremis
443. L'Amour de Liette.
565. Ame de Démon.

Maurice MARIO
532. Un Cœur qui s'égare.

Jules MARY
240. Les nuits d'Irlande.
445. Paradis perdu.
446. Après les larmes.
553. Le Roman d'une Figurante
566. Blessée au Cœur.
567. Les Amours de Collivet
604. La Marquise Gabrielle.
605. Le dernier baiser.
616. Le Secret sous la Terre
617. La Tombe sans nom.
639. Un Héritage d'Amour
640. La Conquête de son mari

MIRAL-VIGER
475. Le Destin de Louise.
476. Mère et Fille.

Charles MÉROUVEL
486. L'Affaire de la Fontaine aux Bois.
537. Roman d'une honnête fille.
552. La Roche Sanglante.
607. Damnée.
608. Grands Noms. Grands crimes.
623. Ville Maudite.
624. Martha.

Xavier de MONTÉPIN
486. La Joueuse d'Orgue.
487. La Petite Marthe.

Jean-Louis MORGINS
568. Princesse Martha.

Marcel PRIOLLET
523. Rossignolette.

Gaston-Ch. RICHARD
430. Josiane.
487. La Revanche de Roland
505. La Cigogne d'Argent.
506. Le Châtiment d'Ortrude.
535. Pour sauver la Reine
560. Le Roi maudit.
561. Sous le manteau royal
632. Rosario, danseuse espagnole.

Léon SAZIE
575. La Martyre blonde.
576. L'Aurore du bonheur

633. Le Pouce Fatal.
684. La Belle Dangereuse.

Jean SCAVERT
635. La Robe qu'elle ne mettra pas

P. SEGONZAC
538. Le Mousquetaire Bleu.

Georges SIM
621. Les Cœurs perdus.

Georges SPITZMULLER
369. Sanglante Richesse.
370. Chevalier Arc en Ciel
526. Mimosa
547. Reconquise
612. Le Miroir fleuri.

Frédéric VALADE
427. Les Chauffeurs du Nord
428. L'Ange qui pardonne
590. Gilka la Bohémienne
591. Génia la blonde.

Charles VAYRE
565. L'Enigme d'Amour.

VAYRE et FLORIGNI
244. Clara Spada.
245. Trois Amoureuses.
479. L'Amour qui espère.
480. La Vengeance de Flora
530. Sans-sol
531. Caprice Royal
559. L'Amoureuse équipée.
610. Aimée d'un Prince.
640. Le Serment de Jacqueline

Maxime VILLEMER
548. Trop Tard
569. La Buveuse d'or.
570. Bluette et Bérengère
613. Femme sans cœur
614. Maudite

René VINCY
499. Le Bonheur qui passe.
500. Le Mariage de Chérie
529. Les Tendres
563. Le Silence du Sang.
564. Fort comme la haine
574. La Veuve-Enfant.
606. Lèvres jointes
630. Tu Souffriras.
631. La Main du malheur.

Michel ZEVACO
90. Le Fils de Pardaillan I.
90 bis   "   II.
148. La Reine Isabeau
149. Le Pont de Montereau.
186. Le Pré aux Clercs.
187. Florinda la Belle.
325. La Reine d'Argol.
326. Primerose
349. La Grande Aventure.
350. La Dame en blanc, la Dame en noir.
508. Marie-Rose I.
509. Marie-Rose. II.
551. La Fin de Pardaillan
552. La Fin de Fausta